とんきゅう社長からの手紙

矢田部武久 著

セルバ出版

はじめに　社長から働く皆様へ

昨日ある店舗へ行き、パートさんたちと話をしてこんなことを思いました。

ポリシーが伝わってないなぁ！

店長はポリシーを理解することが苦手だから仕方ないなぁ！


そして、事務所に帰ってからいろいろ考えました。

月に一度の店長ミーティングでの社長講話だけじゃあ無理だなぁ。

それで、思いつきました。

すべての働く仲間に手紙を書こう！

「とんQ」の社長としての想い、創業から40年間のいろいろな出来事、私の人生観、世界観、歴史観など大事にしてきたことを、手紙で伝えよう！


これから引退する際に、後を継承する幹部社員に「とんQ」の理念を伝え残す必要があります。

書くことは、大変面倒臭いことで、果たして続けることができるか自分でも疑問ですが、引退するそのときまで書き続ける所存です。
花鳥風月、徒然なるままに……。
拙い文章ではありますが、一生懸命書きますので、請うご期待！

とんきゅう株式会社　代表取締役　矢田部武久

２０２３年４月

※この手紙は、２０１６年５月31日から２０２０年９月にわたって書いたものです。

とんきゅう社長からの手紙　目次

はじめに

第1章　理念の経営

第2章　とんきゅうのはじまり　私の家族

第3章　榊芳生先生　わが師からの学び

第4章　「育成」こそが企業成長の命

第５章　「労務改善」でいい会社をつくる

第6章　趣味を持って人生を楽しもう

第7章　コロナ禍を超えよ

第8章　私の独白

矢田部武久社長の歩んだ道

1948 年　茨城県下妻市にて父矢田部周吉、母美代の第三子長男として生を受ける。

　終戦後１年後に中国から引き揚げて来た父周吉は幾多の商売を転職して、あんこ製造業を起業する。

　下妻市立小学校、中学校入学、卒業。

　幼少の頃より家業手伝い。６年生からあんこ製造、自転車で配達。

　中学生からはオートバイで毎朝配達。

　県立下妻第一高等学校入学、卒業。

　高校２年生までは、朝夕と毎日家業に従事。

　毎年友人を引き連れて各地にキャンプ、登山。

　卒業式翌日、下妻～九州一周ヒッチハイク無銭旅行。

1967 年　日本大学商学部経営学科入学。ワンダーフォーゲル部入部。
　全国の山を登りテントを担いで放浪する。

1971 年　日本大学卒業後、帰省してあんこ製造業に従事する。

　バックパッカーで最初の世界旅行、アメリカ～メキシコ～スペイン～イタリア～スイス、主にヨーロッパアルプストレッキング。

　２年後にバイクでインド～中近東～ヨロッパ、シルクロード走破。


1979 年　友人と東京に会社設立。

　台湾にてあんこを製造して、日本へ送り販売する。

　ニクソンショック（為替レート変動）で、約 3000 万円損金を抱える。

　シェイニー・サンドラ・ストックトン（英国籍）と結婚。

　バックパックを背負いタイコサムイ島、北インドラダック、マナリへ１か月間ハネムーン。

1980 年　実家に戻り、親よりあんこ製造業を継いで社長になり、家業に専念する。
　父より経営のウデが悪いと言われ発奮、試行錯誤して最高利益を出す。

1983 年　外食産業起業、とんＱつくば本店開店。
　水戸店、下妻店、開店。

1996 年　OGM コンサルティング入会、榊芳生先生と出会う。
　外食産業を基本から勉強する。

2020 年　とんＱ、焼肉赤牛、アルゾーニ・イタリア、ミートファクトリー、と４業種、16 店舗、年商 20 億円、営業利益２億円の企業に育て上げる。

2023 年　代表取締役を辞任。
　創業満 40 年をもって引退し、長男の矢田部演へ事業承継する。
　50 年前の計画であり夢であった、アメリカ大陸縦断旅行を実行するために準備中。本年７月中旬に決行予定。

第1章　理念の経営

1　大晦日、元旦休業にするために、頑張ったこと

正月と言えば、いつも思い出すのは年末年始の休業のことです。

創業の年からしばらくの間、年内は大晦日まで、新年は元旦から営業していました。借金が多く銀行への返済と材料費、営業経費、人件費支払いなどに追われ、お金がなく、年末年始も無休で営業していました。初めての大晦日、元旦営業は、平日の2倍くらいを売り上げました。ただ営業の時になると、キッチンもホールもスタッフが集まりません。それで1人ひとりに頭を下げて、出勤してくれるようにお願いしました。

そんな中で、洗い場、調理補助の染谷さんから「マスター（当時そう呼ばれていました）お正月くらいは家で家族と過ごしたいから、仕事はしたくないね！」と言われました。なんとか説得して来ていただきましたが、私自身も大晦日、元旦くらいは休みたいということが本音でした

1月10日の支払いのお金がなかったから、元旦から営業していたので、事前に支払い分のお金があれば休むことができます。であれば、1月10日と翌月分の2月10日の2か月分の支払い分までお金が溜まったら大晦日と元旦の営業を休もう、と自分自身にかなりハードな目標を設定しました。

それからはもう大変でした。お金を溜めるために、私はケチケチ作戦を徹底しました。

当時使用していた冷凍のヒレとロースは、解凍時かなりドリップが出て正味重量が減りました。

それにスジ引きや軟骨などを除去する掃除をすると、人によってかなりのロスが出ました。

このことを共有化するために、毎日ノートに記帳し、個人ごとに歩留まり率を記録し、発表することによって、ロスを出さないように意識させました。

キャベツも箱ごとに中が硬く詰まっているものや、巻きが甘いものなどバラツキがあったので、レジレポートから1箱ごとのガルニ皿数を算出し、1箱何皿取れるか計算しました。

生ビールは泡が多く注ぐとすぐに捨てたりとロスが多いので、これも1樽で中ジョッキ何杯取れるべきかを計算し、毎月指数を出しました。

ホールも当時は人時売上高なんてまだ勉強していなかったので、毎日閉店後に各パートさん、バイトさんの時給を計算し、売上高で割って人件費率を計算しました。

毎月の棚卸金額も自分でやってみて、売上金の3％と設定しました。

とにかく無駄は一切排除し、ドブには1円の金も流さないと決心し実践しました。

今でこそ、税理士の近藤先生から、原価率と人件費率が安定していること、ぶれがないこと、利益率が多いことを褒められていますが、これらはみな、大晦日と元旦を休みにするために始まったことです。

これが、会社の財務基盤を安定させ、県内随一の高利益率を誇る企業の礎をつくることにつながりました。そして創業から2年が経ち、3年目の大晦日と元旦に初めて2日間休業にしました。社員、パートさんを家族の元に返し、ゆっくり年末と年始を過ごしてもらい、そして自分も妻や子どもたちと一緒に久しぶりにゆっくりと2日間を過ごすことができて、とても幸せでした。

これからも経営理念にあるとおり、働く仲間とお客様の感動をとことん追い求めて、少しでもよい会社を目指して、頑張る所存です。


（２０１７年１月３日）

２　２０１７年度経営方針「とんQ再生！　リ・スタート！」

４月１日より、２０１７年度がスタートしました。今年度の経営方針は、「とんQ再生ー　リ・スタート！」です。これがどういう意味かを説明します。

昨年度は散々な1年でした。野田店で社員が盗撮するという不祥事があり、赤牛守谷店では、店長がパートさんと不倫をするという道徳心が欠如した信じられないことがありました。

また、極端に売上を落とした店舗も数多くありました。そして、昨年度は創業以来最も離職率の高い一年でした。

決起大会では、昨年度は参加者80名に対して、今年度は59名。ここではでパートさんが減っていることを実感できました。

これらの原因を考えてみると、
①経営理念が、どこかに行ってしまい、ただQSCだけやっていた。
②QSCも基準以下レベルのため、売上が落ちた。

③それらの問題点を発見できる幹部がいなかった。

これらの問題点を受けて、どうすればいいかを考えました。

★理念・ポリシーについて

月一度の店長ミーティングの社長講話だけでは理念ポリシーは伝わりません。そこで、社長からみなさんへ手紙を書くことにしました。

ここでは、私の想いとか大切にしていること、つまり私の人生観、世界観、歴史観、価値観などを綴っています。そこで、少しでも「とんQ」のポリシーを理解してもらおうと考えています。

また、今年度から新しく始めた「社長塾」では、社長、部長が店舗に赴き、普段あまり接触がない社員さんやパートさんたちの話を聞くことを目的に行います。先週のつくば本店を皮切りにスタートしました。もっとみなさんと対話していきたいと思っていますので、是非参加してください。

また、今年の夢、目標、３～５年後の夢をみんなに考えてもらい、共有するために小冊子にして配布しました。何をするためにも基本となる理念（夢、目標）と働く目標、そして人生の目標は一番大事です。自分は「どうなりたいのか」「どうしたいのか」「どうなればワクワクするのか」――このように自分の胸中深くから湧き上がるポリシーこそが、すべての原動力です。

店長以上の管理職の重要な仕事の１つに「ポリシーを語る、伝える」がありますが、正直これが得意な人は少なく、ついＱＳＣだけの日々になっていたと思っています。ですから、今年度は徹底して理念、ポリシーを考えて、語り伝えてください。

★ＱＳＣレベルの低下について

Ｑ：お膳の５品

①基準がバラバラで、日々お客様に提供している5品が何点かわからないチーフ、店長が多い（売上を落としている店は、ほとんどこれが原因です）。嶋田部長を中心に、店舗で調理研修を行い、調理基準を確認し合います。

②提供時間が20分を超えている。カット場技術の不足、セッターの能力不足。ご飯盛り、味噌汁盛りが遅い。

Ｓ：とんＱ接客の基本である

①ＮＨＫ＋身だしなみができていない（店長の見る視点が弱い）。

②職務分担（２人、３人、４人、５人、６人）の優先順位、チームプレイができない。店長ができない、理解していない。

③先行サービスのためのテーブルウォッチングができない。

④言葉、行動、表情。

⑤以上、各項目が徹底的に教え訓練されてない。

「とんＱ基準」のＱＳＣができない、理解していない店長をゼロにするために、営業部長、ＳＶ

を中心に教え方、育成の仕方を根本から是正しなくてはなりません。

具体的なやり方は、
①営業部長、ＳＶの店舗巡回時の店長への直接ＯＪＴ指導。
②週休日を利用しての店別ミーティング、研修などの実施。

★採用について

あらゆる媒体を活用し、資金も使い中途採用の即戦力者を5～8名採用します。そして、採用者が定着し会社の戦力になれるように育成の仕方を勉強する必要があります。今般ヘッドハンティング大手企業と契約し、何としても８人採用します。

★労務改善について

店週休制が始まりましたが、まだ4～8休と社内でも店舗間格差があります。業務改善しながら、また全社的にヘルプしあいながら、等しく労務改善ができるようにご協力をお願いします。

以前にも書きましたが、休みだけが先行し業務改善ができなかったら、売上は落ちるばかりで店舗を閉店せざるをえない状況になり得ません。月８休も労働時間短縮もやります。

やることはやりますので、やって欲しいことはやってください！

以上の各項目を徹底して実行し、今まで35年間で最大のピンチである現状を何としてもいい方向に回復させたいと思います。とんＱを絶対に「三方良し」の会社にします。そのための大チャレンジです。みなさんのご理解ご支援と一層の力を発揮されることを心から期待いたしております。

（２０１７年５月２日）

３　理念を伝えるとは？　生き方に対するこだわり

いつも言っているように、経営理念が一番の基本です。その上に「物の見方、考え方」があり、さらにその上に「ＱＳＣ」があるのです。

夢、目標を持ってそれにチャレンジしましょう！　ほとんどの人は、夢や目標を抱くこともなく、何かにチャレンジすることもなく、ただ目先の楽しみだけを追って、感動も達成感も幸福感も感じることなく生活し、いつの間にか年老いてそして死んでいきます。

今年度は、いつの間にか消えてしまった理念を、特に意識して会社経営にあたりたいと思っています。店長以上、特にＳＶ、部長、幹部社員の仕事としてウエイトを占める「理念を伝える」ことがとんＱ再生の最も重要なテーマです。

①とんＱってどんな会社なの？

・会社の理念は？

・ビジネスモデル（コンセプト）は？

②社長ってどんな人？

・人生観、世界観、歴史観は？
・性格は？
・趣味は？
・なんでとんＱを始めたの？
・とんＱをどんな会社にしたいと考えているの？

③自分のこと

・自分はとんＱで、何がしたいの？　どうなりたいの？
・会社の理念と自分のポリシーが重なる部分は？

以上の３項目についてどれだけ語ることができるでしょうか。たとえ勤務年数が長くても、あまり語れなかったら、結局長い間仕事ではなく作業だけをやってきたと自覚するしかありません。働く仲間が減ったのも、売上が上がらない、落ちたのも、大きな原因は、店長以上の役職者の理念不足、理念を伝えられなかったからにほかなりません。結果、低レベルのＱＳＣだけをやっていたからなのです。

もう1つ大事なことは、理念、夢、目標と仕事をいかにしてリンクさせるか、ということにあります。商売は、繁盛しないと誰も幸せになれません。繁盛するには全身全霊でお客様を喜ばせ、感動させることです。そのための「感動レベルのQSCとは?」ということを考えて、実践することです。

今日来ていただいたお客様を、絶対に感動させ喜ばせる、そのために必要な知識、技術、メンタリティについて学び、身につけなければなりません。

(2017年5月26日)

4 2018年度経営方針「とんQらしい、いい会社」

経営テーマ「とんQらしい、いい会社にする!」

営業テーマ「働く仲間とお客様を喜ばせる! 感動させる!」

今年度の経営テーマ、営業テーマ共にそのものズバリわかりやすい言葉、テーマにしました。

今年度は、みなさんに考えていただきたいと思っています。

「いい会社ってどんな会社?」「とんQらしいってどんな会社?」

このことを1人でも多くの働く仲間に考えてもらって、みんなの意見を聞きたいと思っています。

私の仕事、使命は「とんQらしい、いい会社をつくること」なのです。

次に、そのための営業テーマは、「働く仲間とお客様を喜ばせる! 感動させる!」です。どんな商売でも成功、繁盛の基本は、「お客様を喜ばせる、感動させる」ことです。

「とんQ」は飲食店ですから、料理で、接客で、雰囲気で、どれだけお客様を喜ばすことができるか。喜んで、感動させることができるか、ということがわれわれの仕事であり使命です。

「お客様を喜ばせ感動させる！」ために、おいしい料理、心からのおもてなしの接客、専門店らしい活気ある雰囲気をどう演出できるか。そのために考えて、試行錯誤して、お客様に提供する。そのための知識、技術習得は必要条件であり、それがプロフェッショナルというものです。

プロは戦うための「知識」「技術」という武器を持っています。知識も技術もないアマチュアでは、戦うことができないし成功するわけがありません。

「お客様を喜ばすため、感動させるため！」に「何ができるか？」「どうすればいいのか？」「そのためには何が必要か？」。

これをみなさんで考え、議論し、できることから1つひとつ実行していってほしいと思います。

Q：お膳の5品。おいしさ、本物、盛り付け、季節感、名産品、提供時間、均一均等、食の安心安全。

S：お客様への心からのおもてなし。目配り気配り心配り、マニュアル事務的でないハート to ハートの接客。

C：専門店の雰囲気。専門店らしい活気ある雰囲気。

社内で行うイベントは、かつて楽しいことをたくさん行いました。正月はお酒を振る舞い、餅つき、金魚すくい等々。海の日にはスタッフがアロハシャツを着て接客したり、お正月には着物姿で接客したりしました。また父の日にじゃんけんゲームの企画を行い、お客様のお父さんとじゃんけんをして、スタッフが負けたら生ビールをサービスすることもありました。

今年度は、真剣に「お客様を喜ばせる！　感動させる！」を考えましょう。

みなさんのグッドアイデアをお待ちしています。

そして「とんＱ」ならではの「いかにして働く仲間を喜ばせるか？」。これは経営理念にあるように「働く仲間の感動」が「とんＱ」のポリシーであることから、「働く仲間の感動！」を経営理念の第一番目に掲げてあります。どうすれば「働く仲間が感動してくれるか」ということを私はいつも考えています。

（２０１８年４月２日）

5　繁盛店にするための原理原則　リーダーシップを強く

前回、当社が３店舗のときに、売上が激減してしたときのことです。榊先生からのアドバイスに従って、私は「自分の好きなこと」を絶つことを全社員の前で宣言し、以来毎日店に通い、朝から閉店でまで働くみなさんと一緒に過ごし、これからのビジョンを語り続けた結果、３店舗の売上が２桁増収で伸びた話をしました。メニューも店舗も何にも変えていなくて、このような結果となったのです。

これは、私の行動が変わったことで、スタッフの心に届き、共鳴して、みんなの意識と行動が変わり、結果ＱＳＣがレベルアップして、お客様を感動させたからだと思います。

私が最初に「休み返上」の宣言をしたとき、「社長がいつまで続くか？」と全員が疑っていたはずです。私も自分自身で「途中で挫折したらみんなから馬鹿にされて社長失格、誰もリーダーと思ってくれないし、誰も付いて来てくれないし、そのときに会社は終わる」と思っていました。そこで意地でも自分の人生のすべてを掛けて、これにチャレンジしました。

繁盛店づくりの極意を教えてくれた師匠、榊芳生先生も亡くなり、あれから26年が過ぎて、会社も16店舗まで繁栄して来ました。が、しかし、ここ数年間低迷が続き、繁盛店でない普通の店舗になり下がってしまう店舗が増えて来ました。

「なぜだろう？」と日々考え、眠れない夜を過ごしています。答えは、26年前に私が社員全員に宣言して以来、結果体得することができた「リーダーシップ」が希薄になっているからです。

つまり、とんＱの経営理念、夢、目標など自分の想いを熱く語り、スタッフを巻き込んで行動しているリーダーが少なくなっている、ということです。

昨年の１年間を振り返ると、際立って優れた店が出てきています。こちらのＳＶは社長の代弁者となり、マネージメントを熱く語り、店長、スタッフと共に行動しています。

一方のそうではないところも増えてきています。これらの店ではみな目先のＱＳＣだけやっていて、一番大事な理念、ポリシー、想いを誰も語っていません。だから、みんなを巻き込むことができず、結果として組織をつくることができないのです。スタッフも辞めていきオペレーションが安定しません。おいしいとんかつも、普通の飲食店になり下がってしまいました。

商売に最も重要なことは繁盛店をつくることです。繁盛店をつくることは、ただ単にQSCをやり続けることではありません。理念、想いを語り、働くみなさんと一緒に行動する、結果働く仲間を鼓舞できるリーダーがいるか否かが一番の課題です。「育成」できる人材が「育成」して、さらに人材を「育成」していきます。社歴と役職だけでは人材は付いていきません。理念と想いに共感し、共に行動することが第一歩です。

（２０１８年５月２日）

6　東京出店　高い生産性への挑戦

東急不動産が進めている渋谷駅再開発の一環としての東急プラザビルに「とんＱ」の出店が決まりました。わが社としては、待ちに待った東京進出第1号店です。

東急の担当者の話では、とんかつ5社からオファーがあった中で「とんＱ」に決めたそうです。

東京にはとんかつの有名老舗店が溢れています。私の大好きな「かつ吉」や「まい泉」「いなば和幸」「かつくら」などなど、枚挙にいとまがありません。その中で「とんＱ」が選ばれたことは、本当に嬉しいことです。

これからの日本での商売において、少子高齢化と人口減は大変な問題です。生産人口（16歳から

65歳まで）が毎年減り続け、高齢者が増える構図となり、近い将来には人口が1億人を割れ込むのは明らかです。

生産人口が減るということは、働く人も減るが、お客様も減り続けるということです。国力の源は、人口であり、人口が減ることは国力とその発展が落ちるということを意味します。

近日の経済発展が著しい中国、インドを見れば、一目瞭然に理解できると思います。そして国会で働き方改革が議論されているように、労務改善は最優先される最重要テーマです。既に長時間労働、働きすぎは時代錯誤の感があります。そのような状況下でわれわれ飲食店の将来を考えたとき、どうすればいいのか、と私はいつも考えています。

結論を言うと、次のとおりです。

①より高客単価のコンセプトづくりと好立地への出店

高客単価＝高付加価値コンセプトをどうつくって、どのように営業で実践していくか。首都圏の好立地への出店：激戦区ですが、生産人口が多いです。お客様も働く人もたくさんいます。

②店舗をもっと増やす

セントラルキッチン、本部機能をより効率的にするために、向こう2年間で3店舗新規出店します。つくば市内の好立地に数年前に土地を取得済みの物件があります。

③育成

労働生産性を上げます。店長、マネージャークラスの育成。部長、ＳＶの幹部育成を行います。

④採用

経験者の中途採用、そして新卒採用を行います。

⑤経営効率をもっと上げる

人件費をはじめ経費は上がる傾向ですが、よりシビアに数値コントロールします。そのための指導が問われます。

ざっと考えても以上の各項目が挙げられます。東京出店第1号となる渋谷店は、新しいとんQのチャレンジになることでしょう。素晴らしい最高の立地を得て、躍進をしたいと思います。そしてこの店が成功すれば、第2、第3の好立地でのオファーが必ずまた来ることでしょう。

それを1つの目標として、まずはコンセプトを考えるために、首都圏のリサーチをスタートすることから始めたいと思います。

（2018年5月31日）

7　渋谷店オープン！　大都会での新しい気づき

2019年12月5日、東急プラザ渋谷に「とんQ」渋谷店がグランドオープンしました。

昨年4月契約までの交渉などは社長がやりましたが、それ以降の東急不動産との協議、設計士との打ち合わせ、そして工事と、開店までの募集、面接、採用、訓練などなど諸々のことは、上部矢田部SVが担当しました。さぞかし大変だったろうと思いますが、いい勉強になったことでしょう。

オープンして感じたこと。それは「商売のステージが違うな……」ということ。同じフロアにある隣のラーメン屋さんも向かいの洋食屋さんもミッシュランの星付き。おそば屋さんが1日70万円も売っています。おすし屋さんは100万円、7階の焼き鳥屋さんも連日100万円、芸能人や有名人で賑わっています。地方からやって来たのは、鹿児島の地鶏料理屋さんと「とんQ」くらいで、他は全部東京の有名店、老舗ばっかりの名店のオンパレードです！

つくばのお山の大将が、ぶったまげた！　レベルが違う！

まず、客層が全く違います。ファミリー客は皆無で、来店するお客様は、行く店を指定して来店するような感じで、その店に来てから「何を食べようか？」ではありません。もちろん全館のコンセプトが「感度が成熟した都会派のミドルアッパー層、中高年の富裕層をターゲット」にした渋谷のお金持ち対象です。彼らから選ばれる価格とバリュー（価値）は最も大切ですし、一番難しい部分です。

オープン時の「とんQ」は、QSCのレベルが低く、悩まされました。最大の×はオペレーションを教える人、チェックする人がいないことです。私も今まで何店舗も立ち上げを行ってきましたが、こんな低レベルの開店は初めてです。

超有名なミッシュランの競合店を相手に、「とんQ」がこれまでやって来た商売が、この場所で通用するように、QSCを早急にレベルアップさせる必要があります。

そのために、店長はじめ教える側は、どれだけ○×を見つけることができるか。つまり問題点発見能力と問題点解決能力、すなわち「育成」力が問われます。

渋谷店が繁盛すれば、会社の将来の展開が無限に広がります。一流店がひしめく東京の中で、次の出店が期待できます。

東京は競争が激しいです。しかしながら、ちゃんとした商売をすれば、働く人もお客様もいくらでもいます。渋谷店のみなさんには是が非でも、人生を掛けて社運をかけて、奮起して戦って欲しいと思います。がんばれ渋谷店！

（２０１８年６月４日）

8　２０２０年度経営方針「とんＱらしさを取り戻す！」

「とんＱらしさを取り戻す！」を今年度の経営テーマとしました。

その意味は、創業して満37年、榊芳生先生と出会って25年「とんＱは何を大事にしてきたのか？」「経営理念の背景にある社長の想い」ということを、みんなにもう一度考えてもらう必要があると考えたからです。

私たちは、これまで経営理念の第一項に挙げた、「働く仲間の歓喜感動」の想いを肝に銘じて取り組んできました。具体的には、海外研修旅行、予算を上回った利益の3分の1を還元、年２回の全額会社負担の社員旅行、４日～７日間×年３回の休暇、大晦日&元旦休暇、１か月休暇、１００万円賞与、ＳＶ用車両購入、２泊３日の海外全社員旅行、等々です。

もちろん、月8休、労務改善など未達成の事項が多々ありますが、常に経営理念の社長の想いを胸に掲げてきました。

ただここ数年、社員、店長、店舗状況など現状を見ると、社長のそんな想いもみなさんには通じていない、全然理解されていない、と思うこともあります。理念ポリシーもない、社長のスタンダードのQSCができていない。結果売上が下がっています。かつては12％あった営業利益も、今年度は6％と半減しました。

37年前の創業当時から、「QSCだけは一番の店にしよう」という想いで、休みもなく毎日長時間労働で、全力で経営してきました。後藤チーフから、仕込み、調理を教えてもらい、夢中で全力で勉強しながらやって来ました。その甲斐があって、みるみる店は繁盛するようになりました。連日、新聞社やラジオ局などメディアが取材に押しかけ、1年後には売上が2倍になり、経営的にも自信が持てるようになりました。

私は長年現場叩き上げでこの商売をやってきました。この仕事がどれだけ重労働か、大変かをわかっています。長女をオンブしながら、時には厨房の奥に縛って、正月元旦から大晦日まで働きました。

飲食店で働く人みなさんには、できる限りいい思いをしてもらいたい。それが社長の使命です。そして自分もいい思いをしたい。この一念で、前に列記したような福利厚生を実践してきました。

当社が本当に苦労をした3店舗の時代を乗り越えて、4、5、6、7、8店舗と増やしていき、最盛期の頃は、そんな社長の想いに賛同する社員も多数いました。結果、好成績、高待遇の、UGMを代表する凄いとんQになったのです。

また最盛期のとんQを復活させたいと思っています。こんな社長の想いを理解してくれて、共に頑張ってくれる、想いのある働く仲間がたくさんいるとんQにしようと思っています。

みんなで頑張って得た利益を、みんなの歓喜感動のために使いましょう。

そして、みんなの喜ぶ顔を思い浮かべながら、今年度も1年間、心が通じる働く仲間と共に、「とんQらしさを取り戻す!」ために、頑張っていこうと思っています。

(2020年4月2日)

9 2021年を迎えて コロナ禍を超える展望

2021年、今年の正月はあっという間に過ぎてしまいました。毎日感染者増加の暗いニュースばかりが続きます。コロナ禍ももう1年になりますが、終息は一向に見えません。八方塞がり状態の中で、会社を守るために何をするべきか、ということをいつも考えます。

私の見解、直近の目標

・営業利益にこだわる
営業利益のために、原価、人件費、経費をケチケチ経営する予定です。またワークスケジュールを1時間ごと、30分ごとに出勤退勤を見直します。「育成」をやっても、向上心、やる気のないスタッフには、降格、減給、辞めてもらう方針をとります。

・「成長の3要素経営」に徹する

特に、組織力、ビジネスモデル力（ＱＳＣ）、数値を徹底して結果、営業力、現場力を上げます。

・赤字店舗をなくす

現在赤字店舗は4店舗あります。14店舗中4店舗ですから、28・6％が赤字店舗です。なんとしても赤字店舗をゼロにすることを目標にします。

コロナ禍の営業対策

・新業態への取組

新業態として、肉の小売業を始めます。赤字店舗削減のためそのうちの1店舗を業態変更して、ちょっとアッパーなお客様向けの肉の小売店を始めます。ここでは、とんＱのオリジナルドレッシングやとんかつソースなども販売します。

つくば市内に3か所くらい出店する予定で進めています。

・「アルゾーニ・イタリア」2号店の出店

コストコの近く、学園の森に取得済みの物件があり、イタリアンを出店します。立地は最高にいいので、いいビジネスができると期待しています。

大きなテーマである「育成」

「育成」できる店長、「育成」できるSVを「育成」することが大テーマです。そのため、店長候補人材の中途社員採用に力を入れます。新卒採用は、基本的にやりません。もしやる気がある新卒がいたら採用しますが、これまでのような新卒採用をしません。

代わりに、モンゴル人を毎年10人新卒扱いで採用します。しかし、モンゴル人でもやる気のない人は、たとえ入社してもすぐに辞めてもらいます。

たとえ長期間在職者でもやる気がない人、「育成」できなくてワーカーのままの人は、どんどん降格します。

以上、コロナ禍で深刻な2021年を迎えての、私の想いを書きました。早くコロナ禍が終息し、平穏な日々が訪れることを願っています。

（2021年2月1日）

10　2021年度経営方針「私の整理整頓の1年間」

今年の正月明けの店長ミーティングで発表しましたが、私は今年度で創業以来続けてきた社長を引退して後進に譲ろうと決心しました。現在創業40年目ですが、来年の3月まで最後の1年間となります。ですから最後の1年間は、今まで39年間やってきたとんQ事業の総決算となります。

これまで「経営理念の会社にしよう！」「1歩でも近づこう！」と一生懸命にやってきたのですが、

負の部分もたくさんありました。なかなか思うようにできなかったこと。それは、赤字店舗の改善、業態転換、もしくは閉店です。いくら言ってもわかってくれない戦力外の人、上司部下の気持ち想いをわからない人、「育成」できない人などにも悩みました。

そこで、これから1年かけて、これらをきちんと整理整頓しようと考えています。改善、撤退、業種転換、リーダーとワーカーの分別、戦力外の人は辞めてもらうなどを徹底し、後継者がより事業承継しやすい環境をつくるための整理整頓の1年間にしようと思っています。

以前にも書きましたが、店舗の1つを「ミートファクトリー」に業種変更します。

以前の店「ＪＵＮ　ＢＯＯ」のコンセプトは、非常に難しく開店以来難儀しました。結論はつくばでは難しい業態ということです。「とんＱ」渋谷店も撤退しようと決断しました。コロナ禍の中、売上が取れずに1年間赤字でした。

東急プラザ側と家賃条件など再三協議してきましたが、全く話にならない程の上から目線、一方的、強者の論理で、これ以上の赤字は許されないと決断しました。

コロナ禍の影響ももちろんありますが、それ以前の館全体の集客力に問題があるにも関わらず、それを一切認めず減額交渉にも応じない高慢な態度に、パートナーとしての信頼関係が維持できないことも撤退の理由の1つです。コロナ禍終息後も、この家賃を払って利益を確保するには、さらに困難で数年を要すると判断し、眠れない夜をいくつも過ごして、悩みに悩んだ末に決断しました。引退を前に苦渋の決断でしたが、渋谷店に関わったみなさんどうかご理解いただきたいと思います。

そして新店舗「アルゾーニ・イタリア」2号店建築開店、新本社建築等々。撤退、新築も資金も必要ですが、既存店で売上、利益を出して計画通りにできるようにしたいと願っております。

人材に関しては、育成できるリーダーとできないワーカーをきちんと区別して、組織をつくっていきます。誰にでも平等にチャンスは与えますが、実績がすべてです。

「成功の3要素」である組織、ビジネスモデル、マーケティング、そして数値の裏づけと、売上、利益などの実績を出せるための現場力QSCがわかっている人、そのための人を指導育成できる人をリーダーとして認め、昇格、昇給させて組織をつくります。社員、パート・アルバイト、男女、新卒中途採用、学歴、社歴は一切無関係で、これも実力第一で評価しようと思います。

最後の1年間、やることが山ほどありますが、精一杯チャレンジします。そして、できる限り3月までで終了し、6か月間猶予期間を置いて、来年10月に引退したいと思っています。

最後の1年間大ナタを振るって、改革していきますので、覚悟とご協力の程よろしくお願いいたします。

（2021年3月31日）

11 渋谷店撤退と今後の方針

2019年12月に、夢と希望と期待感を持ってオープンした渋谷店は、2021年6月をもって閉店することになりました。その理由はこうです。

①コロナ禍による休業や売上不振による赤字続き。
②東急不動産担当者に家賃減額交渉したものの、非常識な対応による信頼感の喪失。
③館自体が、コロナ収束後に利益体質に戻るための集客力への疑問。
④創業から40年の負の遺産を整理し、いい状態で会社の未来を後継者に託したい。

このように検討を重ねた結果、無念ではありますが、断腸の思いで撤退する決断に至りました。これまで渋谷店準備、オープンに関わったみなさまには御礼を申し上げます。

創業から40年、初めての撤退です。コロナ禍ももちろんありますが、東京の一等地でのリスクを体験し、高家賃の怖さを改めて思い知りました。そして、東京で勝負するためには、もっとリーダーシップ、夢や目標があり、知識、技術に長けた人材の「育成」が不可欠であることも痛感しました。資金的にも建築、設備、備品、スケルトン撤退経費などなど大打撃を受けました。これらを謙虚に反省して、今後の教訓に生かします。

「とんＱ」野田店も11月30日に閉店します。野田店は開店から13年間が経ち14年目で、なんとかトントンでやってきましたが、コロナ禍で売上、利益ともに大幅にダウンし赤字に陥り、回復不可能と判断し、あと６年の契約を残し撤退を決断しました。

２店ともダメになった共通点は、「育成」ができなかったことが最大の原因であると思っています。すべて私社長の責任です。

昨年は、コロナ禍の中で創業以来初めて賞与支給なしの１年でした。自粛が強いられた１年余りで全国民は疲弊しています。

とんQでは、今期はなんとしても賞与を支給したいと思っています。そのためにも今期は、既存店の売上、営業利益にこだわっていきたいと思います。以前のように高い営業利益を出してみなさんに分配したいと思います。

赤字店をなくして、ちゃんとした商売をしてお客様を喜ばせて以前のような活気のあるとんQにしたいと思います。

それには、やはり「育成」しかないのです。理念と「成功の3要素」をちゃんと理解し　夢目標を持って現場力があり、とんQの基準をきちんとできる、教えられる人材を「育成」するのです。

みなさんが幸せになれる道は、このようなリーダーを「育成」するしかないのだと確信しています。8休10時間の労務改善も、いい給料、賞与も、業務改善して結果売上、利益率をアップしなければ何にもかないません。

（2021年7月1日）

12　2022年度経営方針「労務改善」「業務改善」

先の経営発表会でもお話ししましたが、今年度は重要な1年になります。

コロナ禍の影響で、実現できなかった「労務改善」と「業務改善」が、やっと現実的に実行できることになるからです。

何度も言っていますが、これからの外食産業にとって不可欠なことは、労務改善と業務改善の2点と言っても過言ではありません。労務改善と業務改善はつながっていて、同時に並行して改善する必要があります。

具体的には、8休10時間の仕組みづくりと、店休日を現在4休から↓2休↓1休へと段階的に移行させます。

教育＋訓練＝育成を徹底することで、1人前から1・5人前、1・8人前へと労働生産性を上げます。さらに店長、ホール長、チーフなどの知識や技術を持つ人たちから、数多くリーダーに育成することが必要です。

店舗は店長の能力で決まります。店長がどれだけの知識要件があり、技術要件＋働く仲間を引っ張れるリーダー要件を持っているか否か、最も重要となる「育成」はもちろん、売上や利益、店舗の存続にも大きな影響を与えます。

しかし、これまでそして現在も、残念ながら社長基準で合格できる店長は、ごく少数しかいません。現在のほとんどの店長は、不合格です。

社長基準の店長、チーフ、ホール長を育成することは、本年度のテーマです。「とんQらしいい会社を、みんなで共に創る」がすべてです。

これまで何度言っても変わらない人ややる気がない人はどんどん降格します。これらの人は、やる気のある人、社長の理念に共鳴する人、経営理念や経営テーマ、営業テーマに賛同してくれる人、努力して知識技術要件、リーダー要件を夢中で勉強してくれる人に、大改革する必要があります。そのための新たな勉強会もスタートしますし、リーダー養成の社内勉強会も開催します。

昨年度、多大な損金をかけて思い切って3店舗の赤字店を閉店しました。最盛期より5店舗減らして現在11店舗ですが、現在全店舗黒字店舗です。

今期をとんQ再生元年にかかげ、全力で育成にあたり、店長、チーフ、ホール長を1人でも多く「育成」してほしいと願っております。そして真に力のある店長に店舗経営をやっていただき、売上、利益を上げ、念願の労務改善をやり抜き、とんQらしいいい会社のステップをきる年にしたいと思っています。

人を育成したらその先には、また新店舗を出店するチャンスがやってきます。

コロナ禍によって2年余りで苦しみましたが、淘汰されたされたことによって出店のチャンスが待っています。

また5月には新業態である「ミートファクトリー」がオープンします。これは3〜5店舗くらいやりたいと思っています。

モンゴルからも7人の働く仲間がやってきました。連休明けには第2陣の面接が始まり、4末までに20〜30人くらいを採用する予定です。

労務改善と業務改善がスタートします。そのために「育成」を全力でやっていきましょう。

（2022年4月30日）

第2章　とんきゅうのはじまり　私の家族

1　とんQ創業〜その①　借金まみれの出発

1983年3月21日、春分の日「とんQ」は開店しました。

その頃の私は、32歳で妻と結婚。友人と小さな会社を経営していました。この会社の事業は、台湾であんこを製造し、輸入販売するというものでしたが、これが見事に失敗しまして3000万円の借金を抱えてしまいました。そこで資金に追われる毎日でした。日々「お金」「お金」と、お金のない惨めさを、体全体で感じていました。

そんなある日、故郷の姉から連絡が来ました。実家の両親が高齢になってしまい、家業のあんこ屋がもうできないから、帰ってきてあんこ屋を継いでほしいと。

「渡りに船」とはこんなことです。私は東京に居ては借金の金利さえ払えません。田舎に帰って家業をやりながら、資金繰りの体制を整えようと決心しました。私は家出をしていて、2年ぶりに実家に戻ることになります。

私は両親から妻との結婚を反対されていたことから、私は妻を実家に連れて帰らず、引き続き東京・下高井戸のアパートに置いて、単身で実家に向かいました。実家に戻った私は社長に就任、父は引退しました。週3〜4日間実家に寝泊まりしながら働いて、残りは東京に戻って会社の残務整理をしました。実家では毎日朝4時から夜の8時まで、借金返済のために一生懸命働きました。

しかしながら、実家での社長業も大変でした。築30年以上が経っているボロ工場の家賃が月35万円。両親の給料が２人で20万円（当時の大卒の初任給と同額）、父の車のガソリン代、修理代は会社持ち、実家の電気料、電話料も会社負担。その他、今までの工場の設備リース代は引き続き私の会社が払う、など。一瞬「本当にオレの親かよ！」と思ったものです。朝早くから夜遅くまで働いて、さまざまな経費を支払うと、私の給料はたったの５万円しかありませんでした。

そこで父に直談判して、家賃と両親の給料をまけてくれるように懇願しました。

それに対して、父は私にこんなことを言いました。

「おれは終戦後中国から引き揚げてきて、苦労してこの商売を始めたんだ。４人の子どもたちを全員大学まで出してやったんだぞ」

「おれがお前に与えた条件でどれくらい儲かるものか、おれは全部わかっている。それが給料たった5万円しか取れないと泣き言を言っているのは、お前に経営能力というものがないからだ」

こんなことで取り付く島がありません。

「経営能力がないとは無礼千万！」

私は発奮して、われながらものすごく働くようになりました。

こうして私が社長になった1年後、私の会社は史上最高の利益を出すに至りました。

その後も茨城と東京を往復する生活が続いていました。そして、時代は確実に変化していきました。家業のあんこ屋はだんだんとジリ貧になっていったのです。そこで私は、何か人生を掛けて取り組む仕事がないものかと思案するようになりました。

1980年のこの頃、完成したばかりの筑波研究学園都市は大いに脚光を浴びていました。1985年にはつくば万博が開催されます。しかしながら、周辺はインフラ整備の工事中です。だだっ広い道路が、碁盤の目のように交差していました。

私は、こんなつくばの町がどのように変化していくものかと、町役場の都市開発課に行って説明してもらいました。担当の職員は暇を持て余していたようで、延々と詳細な地図を見せながら「つくばは将来水戸を上回って、つくばが茨城の中心になる」と力説していました。

そこで不動産屋を経営している叔父に、冗談半分に「つくばで商売をしたいから土地を探して欲しい」と相談しました。そして、1週間後に紹介されたのが、現在の本店が立っている土地でした。

「冗談で言ったのに。借金はまだたくさんあって、買えるわけがないのに……」

でも「まぁ、見るだけはタダ」と思って訪ねてみました。すると、一面ススキに覆われて俊光が指していました。所有者は何と地元の八坂神社でした。もちろん、抵当権も何にも入っていません。

「超縁起がいい！」

こんなことで一目惚れしました。しかし、問題は金がない。坪51万円で150坪、7650万円が必要です。ひとまず銀行に行きましたが、私の実績はゼロ、信用もゼロで相手にしてもらえません。そこで、私の父の名前を出したところ、支店長が話を聞いてくれるという。そこでいきなり「家出をして外人の嫁さんを貰った親不孝な息子って、あなたのことですか？」なんて関係ないことを言われたものです。

「お父様の保証がいただけたらお金を貸してもいい」と言われ、帰って父に直談判しました。父には物件を見てもらいました。そして「保証は一度だけであること」「たとえどんなことがあっても二度と家出をしないこと」を条件に誓約書を書いてくれて、保証人の印鑑を押してもらい借入することができました。こうして本店の物件を取得することができました。

「最高の物件は手に入ったが、さて何の商売をやるか？」

こんなことが次の問題でした。私は大学を出てすぐに東京で商社に勤めていました。この当時の仲間が、ケンタッキーとかダスキンとかコンビニの話を持ってきて、「いま、こんな業態を手掛けたら、矢田部は茨城のテリトリーを独占できるよ」なんて言います。

しかし、私は自分で飲食店を手掛けてみたいと思っていました。若い頃から海外旅行が好きで、外国のいろんな飲食店を見てきた経験から、この商売に興味がありました。イギリス人の妻も同じ意見です。商品は「スペアリブがいい」とほぼこれに決めていて、テークアウト主体のドライブスルーにしようとまとまりかけていました。

父に話すと「その近くのとんかつ屋がよく繁盛しているから、とんかつ屋をやったらどうか」と言います。その店は、私が銀行の融資担当の人に物件を見せた後で何度か食べたことがある店のことでした。確かにもの凄く繁盛していました。それ以来、その店に何度も通い「とんかつ」を研究しました。そして「とんかつ屋」にしようと決断しました。幸いにも、新宿の叔母が肉の卸しを大々的に営んでいて、すぐに新宿に行って相談しました。すると、いきなり怒られました。「素人が『とんかつ屋』をできるものではない！　修業先を紹介するから勉強してこい！」と。

こうして、横浜にある有名なとんかつ屋さんに紹介状を書いてくれて、私はその足で横浜に向かい、そちらの社長に会いました。

無給で3か月間働くことが条件でした。翌週から現場に入り、週に4～5日、朝一番からラストまで働きました。ですが、とんかつを揚げることはおろかキャベツも切らせてもらえません。やらせてもらうのは雑用と皿洗い。そして大きな声で「いらっしゃいませ」と言うだけです。

閉店してからが忙しくなります。三番手、四番手のコックさんからいろいろ教えてもらいます。ドレッシング、ソース類、マヨネーズ、ヒレロースの掃除、カットの仕方など。下高井戸のアパートに帰ると、マヨネーズ、ソースを自作したりしました。キャベツの線切りで冷蔵庫が一杯になったこともあります。こんな具合に3か月の修業期間を夢中で過ごしました。

修業が終了して、社長に挨拶に伺いました。社長からは「君は3か月間で1年分の修業を経験した」と言ってくれました。自分は1億円以上の借金をして、新しく商売を始めるわけですから、気が張っていたのは当然のことでしょう。

私は3か月間の修業を経験して飲食業がすっかり好きになりました。料理の世界は奥が深くて面白い。現金商売ですから資金繰りが比較的容易。もちろん、これからのことに不安は大きくありました。しかしながら、私はオートバイでユーラシア大陸を横断した経験があって「困難な環境に身を置けば置くほど、オレは力を発揮する」っていう自分を知っていました。

あとはチャレンジするだけです。妻とも連日話し合いました。あの土地で「とんかつ屋」をやることを前提に、東京の有名店のリサーチに取り掛かりました。そして、下高井戸のアパートを引き払い、つくばの現場隣のアパートに引っ越して、いよいよ店舗建設、開店準備に入って行きました。

5月の新緑が鮮やかで、清々しい日であったことを、しっかりと覚えています。


（2016年5月31日）

2　とんQ創業〜その②　パニックまみれの出発

東京の会社は、友人に譲り借金の3000万円だけを私が引き継ぎました。つくばに引っ越してからは、毎朝3時30分に起床し、4時には下妻の工場に入りあんこ製造を行いました。「とんかつ屋」の建設を控えて、設計士との打ち合わせなど忙しい日々でした。ですが、私たち夫婦の将来が掛かっている新事業に対して大きな不安と希望が混雑した複雑な精神状態の中にありながら、チャレンジあるのみ。毎日がエキサイティングでした。

妻も毎朝私と工場へ行って、長靴を履いて力仕事のあんこ製造に取り組みました。私たちの結婚について大反対していた両親でしたが、妻を見る目が少しずつ変わっていきました。

当初スペアリブ専門店に決めていましたが、この商品は当時あまりにも奇抜でありリスクが高いということで、とんかつ屋のメニューの中にスペアリブも入れて様子を見ることにしました。

しかし、単にこれまでの和風イメージのとんかつ屋ではつまらないということで「新しいイメージのとんかつ屋にしよう」と、妻と激論を重ねました。

当時洋風のファミリーレストランが全盛期でした。そこで私たちのとんかつ屋は、外観が洋風で白い壁、客席は半分が小上がりの和風、半分が喫茶店風というもの。メニューは、ヒレ肉で梅やチーズなどを巻いた「巻きかつ」、カップル用の「ツインかつ」、大皿盛りの「ミックスかつ」という具合に、新しいバージョンのとんかつ屋を意識しました。

スペアリブもいろいろ研究しました。トマトソースで煮込んだもの、ミルクで煮込んだものとか。試行錯誤した結果、赤ワインと醤油がベースのソースにオーブンで焼くグリル風に決定しました。これは横浜・馬車道の有名レストランで食べて感動したスペアリブを参考にしたものです。

店舗設計については、姉が眼鏡屋を営んでいて、その設計士に依頼しました。しかしながら、その設計士は飲食店を手掛けるのは全くの初めてで、いわゆる「動線」がメチャクチャな店ができ上がりました。これは開業した後に問題になりました。

建築について、設計監理の先生に聞いたところ約5000万円かかると言われました。私には手持ちの資金がないことから、知り合いの大工さんに「手間賃1日いくら」の日当でお願いし、材木、釘などの材料は、地元下妻の材木屋さん、金物屋さんから月掛で売ってもらうことを交渉し、私が大工さんの手伝いをすることになりました。大工さんは1人で、下妻市郊外の黒駒というところから片道50分かけて通って来てくれました。

基礎工事、鉄骨工事は、昔から父と取引があった業者さんにお願いしました。

私は手配師となり、大工さんからの指示を受けて次の工事業者を探したり、手配したり、見積書を取って価格交渉したり、トラックで配達された材木などを大工さんのところに担ぎ運んだりしました。

早朝からあんこの製造を行って、午後は毎日建築現場で手配師の仕事をしながら、メニューを考えたり、厨房の器具を選定したりと大忙しの毎日でした。プレッシャーはものすごくありました。

しかし、妻とは毎日将来のビジョンを夢中で話し合い、夢を語り合い、とても楽しい日々を過ごしました。

工務店にお願いすれば3か月で完成するところ、結局1年がかかって店は完成しました。時間はかかりましたが、店は3000万円でき上がりました。結局2000万円安くできたことになります。何より、自分が手配師をやり、建築を勉強できたことが、その後の店舗展開にとても役に立ちました。

店の2階は私たち夫婦の居住スペースにする予定でしたが、売上を第一に考えて、大工さんに8畳2間、6畳1間の宴会場に変更してもらいました。私たちの住まいは屋根裏に5畳の部屋をつくってもらいました。

料理人は、東京の商社時代の仲間から紹介してもらいました。後藤くんといって、当時28歳、青森県弘前市の出身で和洋食の経験がある好青年です。彼もつくばに引っ越してきて、いよいよ開店に向けて準備段階に入りました。

店名については難航しました。最初「豚珍館トンチンカン」がいいと思っていましたが、両親から「真面目にやれ！」とクレームが入ることに。そこで「とん久トンキュー」に決まりかけましたが、ありきたりでつまらないということで「とんＱ」となりました。

この店名の由来は、「料理の腕を誇れないので、原材料にはいいものを使っている」「特に良質の豚肉を使って本物志向の専門店を目指す」という意味を込めて命名しました。「Quest for Quality」（品質の探求）ということです。

豚肉は、新宿の叔母のところから配送してもらい、パン粉、ソースなどの食材は、大学時代の山のクラブの先輩にお願いしました。

看板やナプキン、コースターなどに使用するロゴは、中学時代の親友で多摩美術大学を出て造形作家の平井登クンに〝出世払い〟でお願いしました。

いよいよ開店準備です。厨房器具も入り、食パンにとき卵、パン粉を付けてフライヤーで揚げる練習や、有名店や繁盛店のリサーチを続けて、毎日とんかつばかりを食べる日が続きました。

妻の担当は、メインがドリンクとホール。飲料会社の担当者から指導を受けながら、オリジナルのドリンク、デザートを開発しました。

コーヒーはサイホンで落とし、お客様のテーブルでカップに注ぎました。私も妻もワインが好きだったことから、ワインは豚肉によくマッチする北海道産のワインを置きました。

有線放送がない時代です。そこでBGMは私と妻が毎日聴いていたビートルズ、サイモン&ガーファンクル、スティーヴィー・ワンダーの楽曲をカセットテープによって流すようにしました。

開店前準備中、父も毎日試食に来てくれました。そして、いつも母へのお土産を持って帰りました。後で知ったことですが、この母へのお土産として持って帰った試作品を毎日神棚に上げて「とんQが繁盛するように」と神様に拝んでいてくれたようです。

こうしていよいよ開店日を迎えました。3月21日は春分の日、祝日で売上が見込めることから、この日を開店日に決めていました。筑波大学の女子学生を1名採用、2人の姉に手伝いに来てもらいました。

開店日はパニックが満載、散々でした。私たちはど素人だったにもかかわらず、オペレーションの練習をしていなかったのです。ましてや90席もある客席に一気にお客さんが殺到。オーダーを取っていても料理が出ない。ビールは伝票に書くのを忘れ、結局、全部無料提供。キャベツはカットする機械はあるのを知っていたものの、牛刀で切ったほうが格段においしいということで、手切りにしていたところすぐになくなってしまいました。キャベツを切りながら、肉も掃除をしながら……。仕込むスピードも遅いし、どれくらい仕込めばいいかもわかっていません。会計のレジや次々に入るオーダーに妻が走りながら、「I can't believe it！」を連発していた。

お昼ご飯を食べることができなく、途中休憩も取らず、なんとか夜10時の閉店にたどりつくことができました。チーフのゴーちゃん（後藤クン）が「やったね！」と言ってくれたのを覚えています。開店初日の売上は、19万円でした。「19万円売るのがこんなに大変なのか」ということを思い知らされました。飲食店商売の洗礼を初めて受けた貴重な一日でした。

開店日の翌日は日曜日。姉の1人は、前日の忙しさに懲りたのか来てくれず、再び大パニック。お客さんから怒られ、怒鳴られました。厨房の動線がメチャクチャだったので、「どうすればスムーズな営業ができるのか？」と悩み、ど素人ながらも、ここからが繁盛店づくりのスタートとなりました。

その後、8月のお盆までの日曜、祝日はいつも夕方6時までしか営業ができませんでした。理由は、肉なし、キャベツなし、ホールに人なしで、パニックになってしまって、閉店時間の夜10時まで営業ができなかったのです。

閉店してから毎晩一人厨房に残り、動線を考えながら器具の位置を変えたり、ノートにメモを取りながら試行錯誤の毎日。まずは1年間この厨房でやってみて、私があるべき動線を覚えて1年後に改築することに決めました。

その他にも課題はたくさんありました。席数が90席もあるのに駐車場が7台分しかない。当時はただ客席数が多ければ売上が取れると信じていたのです。そこで、もっと駐車場を確保する必要があり、隣地の所有者を調べ、東京の人だと知り、東京に行って貸してくれるように交渉したりしました。

このままパニックが続いて、お客さんに連日怒られ、お客さんが来てくれなくなって、銀行に元利合計金を返済できなくなったら、取引業者さんに買掛金を支払いできなくなったら、自分は首を掛かるか夜逃げするしかない。そんな危機感がいつもありました。妻と結婚したばかりで「首掛かりも夜逃げも絶対に嫌だ！」「妻と幸せになりたい！」「そのためには絶対にこのとんQで成功しなければならない！」――妻も同じ思いで、この思いだけで必死になって戦うことができました。

開店したばかりの当時のことは、思い出すだけでヘドが出そうな苦しい日々でした。でも、若いときに経験したオートバイでのユーラシア大陸横断の旅と「とんQ」の創業で、こんなことを体験できたことに、今は素直に感謝しています。

そして何よりも苦しいときに私を支えてくれた、今は亡き妻に心から感謝しています。「何があっても、地球は破滅しないから」が口癖で、いつも励ましてくれたスケールの大きな素晴らしい人でした。

（2016年6月29日）

3　妻、シェイニーのこと　19歳バックパッカーとの出会い

妻であり、3人の子どもたちの母親であり、共にとんQを創業した人生のパートナーである亡き妻について書きます。

初めて会ったのは、私が29歳でシェイニーは19歳でした。当時私は、赤坂の商社に勤務していて、

【とんQ創業】

彼女が赤坂見附駅の地下鉄のホームにいたところを、会社の上司が声をかけたとのこと。上司から電話があり、英語がわからないから通訳しろと、当時私が住んでいた新宿のアパートに連れてこられたのが、初対面でした。

ロングヘアーでボロボロのジーンズにこれまた穴だらけのバックパックを背負って、部屋に入るなりアグラをかいて座りました。最初の印象は、ローリングストーンズのミック・ジャガーです。

いろいろ話したところ、彼女はイギリスから単身陸路を旅行して、途中現地でアルバイトをしながら過ごし、約1年かけて昨日パキスタンエアーのコックピットに乗って、羽田空港に到着したとのことです。昨夜は、赤坂東急ホテルに泊まって、今日四谷のユースホステルに行きたいがどう行けばいいか困っていたようです。

日本にやってきたのは、旅仲間から「日本に行けば、お金がなくてもクラブでホステスをやれば稼ぐことができる」という情報を得たからだそうでした。

若者とは面白いもので、ただ旅人という共通点で心が通います。私もそれまで世界中を旅して、いろんな国のいろんな人に親切にしていただき、常々逆の立場になったら恩返しをしようとずっと思っていました。彼女は、「半年間日本に滞在したいので、アパートを探す手助けをしてほしい」と言いました。そして図々しくも「アパートの権利金、敷金を貸してくれ」と頼んできました。お金を貸すのは迷いましたが、私は「1か月で返す」という条件で確か20万円ほどを貸しました。

その交換条件に、毎週日曜日に英会話を教えてもらい、また東京付近の名所旧跡などを案内することにしました。

大塚駅近くの安アパートを見つけ、隣の大塚公園のブランコで英会話を教わりました。

6か月が経って、いよいよカナダへ旅立つときが来ました。私は新しいバックパックをプレゼントしましたが、結局彼女は旅立ちませんでした。

すでにお互いの心に愛が芽生え、別れることができなかったのです。それから約10年後の１９８０年5月23日に入籍しました。私の両親が反対していたので、結婚式は行わず、ホテルニューオータニの展望レストランで友人夫妻と４人だけの食事会でしたが、とても幸せでした。

当時私は友人と2人で小さな会社を経営していて、お金がなくて、権利金のない高円寺の３畳一間の雨漏りする超ボロアパートに住みました。とりあえず寝る布団を一組買って、茶碗、箸1膳から買い揃えていきました。近所のスーパーで6個セットのコーヒーカップが欲しいと言われても、お金がなくて1個ずつ買い揃えていきました。

結婚して最初に考えたのは、２人で旅をすることでした。タイの無人島のコサムイ、北インドのマナリ、ラダック、ダラムサラ等など。夜を徹しての旅の準備は、とてもエキサイティングでした。

旅行期間は2か月、目標貯金額は２００万円。

昼間は会社の仕事、会社だけではお金が足りないので、夜はトラックの運転手として錦糸町に出向き、千葉の船橋のラブホテルのシーツ配達のアルバイトをやりました。シェイニーは相変わらず赤坂のクラブでホステスをやっているため、毎日すれ違いの生活でしたが、旅の費用を稼ぐために一生懸命働きました。6か月くらいで目標額を達成し、ジーンズにバックパックを背負って、2人で羽田空港から旅立ちました。

当時はいまのような安い航空券がありませんでした。若者が海外へ行く場合は、まずタイのバンコクへ行って安いチケットを買います。そこから本格的に旅行するというのが一般的でした。

今回の旅のメインは、4か所で、「コサムイ（タイの無人島）」「ラダック（北インド、チベット人が多い）」「マナリ（北インド）」「ダラムサラ（北インド　ダライ・ラマのチベット亡命政府がある山中の村）」という行程。

まず、バンコクから深夜バスに乗り約24時間かけて、スラーターニーという港に着き、そこから小さい船に4時間乗って、着いた所がコサムイでした。これまでの人生であんなに美しい海を見たことはありません。無人島ですからホテルもレストランも土産店も何にもありません。

海岸に夏のシーズンだけ訪れる旅人用の小屋が数軒と掘っ立て小屋の食堂が建ててあって、地元のオヤジがたった1人で営業していました。小屋にはベッドも寝具も何もなく、ヤシの葉で編んだゴザが敷いてあるだけ。私は早速バンコクで買った水着に着替えて海岸に出てみて、ビックリ仰天！

なんと、誰も何にも着てない！　生まれたままの姿で砂浜に寝転んでいたり、泳いでいたりしているのです！　思わず私のほうが恥ずかしくなり、慌てて小屋に戻り水着を脱ぎ捨てて、裸で海岸に行きました。妻は何も言わずにただ笑っていました。

バンコクに戻り、インドのニューデリーへ飛び、パキスタン国境のラダックという僻地に行きました。機上から真っ白なカラコルム山脈の山々、インダス川の源流アムダリア川が見えて興奮したのを覚えています。

　ここは4000mの高地で、着くなり高山病の頭痛がひどかったのですが、1日いたら順応できて痛みはなくなりました。チベット人が多く住んでいて山高帽子にガウンの独特の民族衣装で、畑で麦などを耕作していていました。

　私は日本から小遣い稼ぎのために現地で売れそうなものをいろいろと持ち込んでいたので、商店に売りに行きました。

　若い男子用のセクシーなビキニパンツ、中古カメラ、時計などなど。ビキニパンツは、デザインはパーフェクトでしたが、布地がコットンでダメ、薄いナイロンのがいいんだって！　そう言われれば綿はインドのデカン高原でいくらでもありましたが、ナイロンなどの化学繊維はまだ当時のインドには希薄で、さすがそこまでは気が付きませんでした。

　アメ横で仕入れた中古カメラ、時計は、フジカメラ、セイコーなどのブランドが世界的に有名だったことから楽に完売しました。その日はちょっと贅沢に高級レストランで食事しました。

　ラダックに来るときは飛行機で数時間で来ましたが、帰りはバスでスリナガルまで3日間かかりました。これがまた凄かったです！

　オンボロバスで、座席は硬い木でバックパックなどの荷物は屋根上に自分で積みます。ジャリ道の急坂をあえぎながら5000mの峠を登って行くのですが、もし運転を誤って落ちたら、真っ逆さまに落ちてしまいます！　途中、落ちて燃えて真っ黒になったトラックを何度も見ていたので、スリル満点で緊張の連続でした。ターバンに白い髭のシーク族の運転手に命を託すしかありません。

朝6時に出発して日没まで山中を走り、小さな村に着くと各自今晩の泊まる宿を探して泊まり、翌朝また6時に出発。途中2回パンクして、ジャッキもなく屋根の荷台に積んであった丸木でジャッキ代わりにテコの原理でわれわれ乗客がみんなで持ち上げ、そこに運転手が石をかまして、タイヤを外します。スペアタイアはなく、パンクしたタイヤのチューブを取り出し、なんと糸と針で縫うのです！　その間乗客は、外でのんびり！　決して慌てない！　郷に入れば郷に従え！　一度パンクすると2時間くらいこんな状態を繰り返します。

バスの乗客も世界中から来ていて、3日も共に旅をすればもうみんな友だちになります。アメリカのロサンゼルスから来たという70歳のおばあちゃんは、元高校の先生で数年前に夫を亡くして、1人で世界中をバックパックを背負って旅しているという猛者でした。

3日かかってスリナガルに到着しました。スリナガルにはボートハウスがあり、湖に船が停泊していて、中はホテルになっていて観光客に人気です。

われわれはここに数泊して、またバスに乗り丸24時間かかって山の中の町のマナリに向かいました。ここは大麻の一種のハシシが自生しているところ。山中に掘っ立て小屋を建てて山にこもり、夏の間山に行き葉を取って生活しているアメリカ人ヒッピーのカップルに会いました。

晴耕雨読でまるで仙人のような人たちでした。

【妻のシェイニーと私】

パインツリーというリゾートホテルに滞在しましたが、ここでとっても賢い野犬に出合いました。山中で夏でも寒く朝起きてストーブを燃やすマキを探しにドアを開けたら、大きな犬がいて、ビックリして走り去っていきました。口笛を吹いて戻ってくるように促したら戻ってきました。それ以来ここを立つまでの1週間、ずーっと一緒でした。どこへ行くにも一緒で、いろんなところにわれわれを案内してくれました。レストランで食事するときも、妻は犬用の食事を注文して、現地の人々から不思議そうに見られたものです。

出発の早朝、部屋を出てバスターミナルに行って、荷物をバスの屋根に乗せて、下に降りると、突然犬が私の胸に前足をジャンプしてきて私を見つめ、暗闇の中に消えていきました。きっと「1週間食事ありがとう」と「Good Luck」と言っていたのだと思います。

マナリを立って、最終目的地のダラムサラへ行きました。チベット仏教の総帥ダライ・ラマ14世が北京政府よりチベットのラサを追われ、信徒とヒマラヤを越えてインドに亡命し、臨時政府をこごダラムサラに置きました。当時の世界中の若者から圧倒的な支持を受けていて、訪ねて行けば誰にでも会ってくれるということで、会いに行きました。

山深い山中の静かで平和な町に小さな政庁がありました。住んでいる人々はみなチベット人で、彼らは一切の殺生をしません。輪廻転生が宗教の元にあり、虫、ミミズさえも殺さないのです。もし殺したりすると、次に生まれて来るときには、虫、ミミズになって生まれて来る、ということを、みな信じています。ダライ・ラマは、あいにく外国に出張中で会えませんでしたが、応対した係官はとても親切な人でした。地元の人たちは皆笑顔で明るく気さくでいい人たちばかりで、グラムサラが好きになりました。

いよいよ旅も終わりが近づき、最後は妻にどうしても見せたかったアグラのタージ・マハールに鉄道で向かいました。ここは若いときにバイクで訪れました。オイルポンプが故障して無料で修理してくれたバイク屋さんがあって、訪ねて再会することができました。タージにも車で案内してくれて、夜はご家族と一緒に食事して再会を喜び合いました。

月夜で有名なタージ・マハールは残念ながら曇りでした。しかし白亜の大理石のタージは、その物語と共になんともロマンチックで美しかったです。再度ニューデリーに戻り、妻はイギリスへ行き、私は日本に帰国するためにニューデリーの空港で別れました。

お互いの両親が結婚に反対していて、われわれもお互いに気が強くケンカもしたりして、冷静に考える時間を置こうということだったのです。

（2016年9月5日）

4　父、矢田部周吉　私のすべての先生

私の父は、根っからの商売人で本当に商売が好きで、いつも働いていて、寝ている姿を見たことがありませんでした。幼少の頃貧しくて、学校に行くことができなかったようです。そこで母親が営む「こんにゃく屋」を兄と手伝っていたそうです。

20歳のときに、青雲の志高く一旗揚げようと中国大陸へ単身渡りました。苦労を重ねましたが、たくさんの知己を得ることができました。小学校も満足に行ってない父でしたが三井物産の上海支店に勤務することができました。後に徐州で念願の独立を果たし、商社を起こしました。

当時、欧米の列強が中国の覇権争いをしていて、当時ニューヨーク、ロンドンを凌ぎ、世界・の大都会だった上海はその中心となっていました。父が言わずとも20歳の若者には、さぞかしエキサイティングでヤバイ街だったろうと想像できます。

父の会社は三井物産の下請けの仕事が主で、綿花、小麦、米、あらゆるものを中国の奥地へ買い付けに行って、巨万の富を得て、豪邸を買い、母とお見合い結婚して、青春を謳歌したそうです。

この頃の父が一番輝いていたときでしょう。

しかし、戦況が徐々に逼迫するようになり、父も現地召集され戦場に駆り出され、負傷。そして敗戦。それまでの貯金も豪邸も会社もすべて没収されました。街中では、見せしめに多数の日本人が処刑されたそうです。幸いに父は、仕事仲間の中国人にかくまってもらい、終戦から1年半後に引き揚げ船で博多港に着くことができました。

後に私が台湾で仕事をしていたとき、父が台湾にやって来るというので台北空港まで迎えに行ったところ、飛行機が着陸してもなかなか姿を見せませんでした。どうしたのかと思ったら、「40年前台湾の蒋介石総統が中国から日本に返してくれたから、そのお礼を言うために祈っていた」と言いました。あのときの蒋介石の「徳を以て恨みに報いる」の一言で、戦争賠償金も取らずに、多数の日本人を無事に日本に返してくれたのです。

父が船に乗せられたときは、アメリカかどこかに連れて行かれ、死ぬまで奴隷で働かされると思っていたとのこと。船の汽笛がボーオーとなって陸地が見えて、アメリカって随分近いんだなあと思ったようです。甲板に出てみたら、そこは祖国の博多港だったそうでした。

博多から満員列車で神戸、大阪、東京、そして下妻に帰ってきて、祖母、叔父に会い、翌日母の実家の名崎へ行き、母、長姉と3年振りに再会したそうです。

戦争に負けて、国土は焦土化し、まさに国破れて山河ありの状態で、誰もが憔悴仕切っていましたが、何としても国を再建する、自分の食い扶持を稼ぐという思いは強かったようです。日本復興の始まりですね。父も、たくさんの友人、戦友が祖国に帰りたいと言いながら死んで行って、自分はなんとか無事に帰って来ることができ、妻子とも再会し、一度は死んだ命と思い馬車馬のように働いたそうです。

田中角栄総理のときに、日中国交が回復し父と母は友人を連れて、中国に頻繁に出かけて行きました。北京語を流暢に話し、若かりし青春時代で一番輝いていた中国が大好きでした。絨毯とか中国のお土産を、得意な中国語を話し、値引きして買うのがたまらなく好きでした。実家には、そんな中国の物産展ができる程あらゆるモノがありました。

父は偉大でスケールが大きく、度胸も凄かったです。私は父にコンプレックスを抱き、まともに顔を見ることができませんでした。でも、父のことは大好きで尊敬していました。私の人生に一番影響を与えてくれた人でした。商売でも、人生でも私の先生でした。

私は成人してから、一時父を煙たがってほとんど会話をしませんでした。しかし、台湾であんこの事業をする頃から、いろいろと相談するようになり、とんQを手掛ける頃には、正に商売の先生であらゆることを教えてくれました。

父も長男の私を、どうやって一人前にするか、かなり悩んだと思います。とんQが始まってすぐにお金が足りなくて、３００万円借りに実家に行ったら、話を始める前に「金か？　金なら銀行に行け！　銀行は金を貸すのが商売だから！」と一蹴されました。仕方ないので姉の家に行き借りようと思いましたが、父が先に手を回して、電話で姉に「絶対に貸さないように！」と伝えていて貸してくれませんでした。

仕方ないので銀行に行き、父に言われたとおり、「銀行は金を貸すのが商売なのに、なぜ私に金を貸してくれないのか？」と尋ねました。そこから今の常陽銀行との取引が始まりました。あのとき父が安易に貸してくれたら、今の自分はなかったことでしょう。

父は98歳の天寿を全うしました。ガリガリに痩せた細い足を撫でてみて、記憶にある親父のがっちりした逞しい姿とは全く違う姿に涙があふれてきました。

商売を始めてから、いつの日か父を追い越すことが目標でした。確かに年商といった数字は親父の会社より大きくなりましたが、内面、迫力、人間の器量、心のスケールはまだまだ敵いません。

（２０１６年10月31日）

【父が徐州で商社設立時の写真】

前列中央左が父当時 27 歳、後列真ん中が母当時 19 歳

第3章　榊芳生先生　わが師からの学び

1　経営理念　榊芳生先生との出会い

1　働く仲間の歓喜感動
2　お客様の感動
3　感動溢れる会社

この「経営理念」は今から21年前の1月に、わが恩師である榊芳生先生に出会い、「あなたはどうなりたいのですか？」と言われ、それをきっかけに自分自身の10年後の目標と会社の経営理念を考えて作成しました。

当時47歳の私は「とんQ」を3店舗経営しており、なんとか順調に3店舗まで展開できましたが、以後売上が下がり続け、不振の原因もわからず、ただただ資金繰りに追われ夜も眠れない日々を過ごしていました。

取引が始まったばかりの水戸の厨房器具会社の当時部長だった平根さんから初めて「ＯＧＭ」の存在を聞かされ、榊先生の年頭の講演があるのを知り、聞きに行ったのが先生との初めての出会いでした。

会場は約６００人の飲食店経営者で溢れ、熱気が充満していました。

そのときの講演内容は、デライト（ひかり輝く）ということ。

①デライトカンパニー（ひかり輝く会社）

②デライトエンプロイメント（ひかり輝く従業員）

この２つが講演のテーマでした。

「繁盛店、繁栄する会社は、そこで働く従業員が楽しく、やりがいを持って、生き生きと働いている。そういう従業員が作る料理、接客がお客様を感動させ、店は繁盛する」

「繁盛店、会社にしたいのなら、従業員が生き生きと働ける会社、環境をつくることだ！」

そんな内容の講演で、私はまるでハンマーで頭を殴られたような衝撃を受けました。

「とんＱ」をオープンして13年間たっていました。私はそれまで従業員のことをそこまで真剣に考えていませんでした。

一番大切なのが家族。従業員は他人で、労働を提供してもらい、その対価として給料を支払うくらいにしか考えていませんでした。

講演が終わってから祝賀会があり、榊先生と名刺を交換し「改めてお会いしたい」旨を伝えたところ、翌週事務所に来るように言われました。そこで水道橋の事務所に伺い、約３時間待たされました。やっと面会できて、最初に言われたことが冒頭の「あなたはどうなりたいのですか？」と言う一言でした。私はこう言いました。

「どうなりたいかって、今５年間も売上が下がり続けて、銀行の返済もままならず、売上を上げる方法を教えてください！」

先生曰く「売上を上げてどうするのですか？」

私「売上が上がれば資金繰りが楽になるし、夜も眠れるようになります」

押し問答が続いた後、資金繰りももちろん大事ですが、目先のことだけではなくて、もっと大きな目標、夢を考えなさいとの結論に達しました。

著書を読めば参考になると言われ、新宿の紀伊国屋書店に行って、先生の著書を3冊買って、帰りのバスの中から自宅に帰って寝るまで、爆読みしました。

先生の著書の共通点は、経営者である社長の想い、その人生観、世界観、歴史観、価値観に視座を持っているということ。単なる金儲けではない、何のための商売なのか。目先の小利益ではない大きな目標、壮大な夢、希望を抱くこと。これらと商売、仕事がリンクしていなければ、いい仕事はできないし、喜んで働いてくれる従業員もいない。まずは、社長から襟を正すこと。

それ以来、私は「理念の会社」を目標に誠心誠意努力してきました。

「働く仲間が歓喜感動して働いてくれるためには、どうすればいいか？」

「そのためには何をどうすればいいのか？」

そこで、大晦日正月の休み、正月、5月連休、お盆の連休、2回の社員旅行、トップ賞100万円の賞与など、すべて経営理念の働く仲間の感動のために行っています。でもまだ「理念の会社」にはほど遠いと思っています。お客様の感動も、まだまだです。

（2016年11月30日）

【経営理念】

経営理念

三位一体の歓喜・感動
『夢実現・感動共有カンパニー』

1，働く仲間の歓喜・歓働

私達の人生目標は、我々従業員がそれぞれの夢を
追求し、感動し、幸せを実現するにあり。
(感動レベルの自己実現)

1，お客様の歓喜・感動

私達の営業目標は、いつも、お客様の立場に立ち、
いかにしてお客様を満足させ喜ばせ感動させて、
再来店してもらうかにあり。
(感動レベルのＱ．Ｓ．Ｃ．Ｈ)

1，歓喜・感動溢れる会社

とんＱの存在目標は、上記の各感動レベルにこだわり、
努力実践し、お客様にとって、なくてはならぬ地域一番店を
目指し、全従業員が歓喜し、活気あふれる感動に満ちた
企業を創造するにある。

とんきゅう株式会社

2　自分が一番好きなことを絶つ

22年前、当時3店舗で3年間連続で売上を落とし続けていた頃、師匠の榊芳生先生は私にこう言いました。

「もう一度自分が人生をやり直そうと思うのであれば、本質を変えないとダメだ」「あなたは3店舗まで展開できたのだから、あなたにもたくさんの○があり、またここ数年間売上を落としている事実は、あなた自身の×もある。それを創業からの13年間を振り返りなさい」と。

私は数週間かけて考え、箇条書きにして自分自身を整理しました。経営理念と10年後の目標10項目を掲げ、先生に面談してご了解をいただきました。7人の全社員を本部に集め、頭を下げ、今までの反省と今後の方針を説明しました。「こういう会社にしたい！　こんな人生をやりたい！　だからみなさんの力を貸して欲しい」と訴えました。そして「売上が上がるまで、自分が一番好きな休みを返上する」を宣言したのです。

そのヒントは、榊先生の著書にあったこのような言葉です。

「リーダーがいくら自分の考えを一生懸命に語ったとしても、所詮は大言壮語で、すぐには部下は聞いてはくれないし信じてはもらえない。真に自分の人生をやり直したいのなら、それを行動で部下に見せなければならない」

それはすなわち「一番好きなことを断つ！」ということをみんなの前で宣言することなのです。それを継続し行動でやる気、本気度を部下に見せることこそが、唯一自分自身を変え、結果部下までも変えていくのです。

私はこれを宣言してから、毎日朝９時に店に入り、ラストまでみんなと一緒に働きました。掃除が終わってからみんなで一緒に賄いを食べ、想いを語りました。

みんなは私のことを見ています。「社長は本当に本気なのか？」と。宣言は自分との約束です。自分が挫折したらとんQも終わることを肝に念じ、歯を食いしばって頑張りました。

それを毎日毎日繰り返し続けると、日に日にQSCのレベルが上がっていくのが目に見えてわかりました。そして店長たちの顔つきが変わっていきました。４か月続けたところ、全店の売上が３年ぶりに昨対比アップし、それ以降毎月上がっていきました。

メニューも肉も何も変えていません。変わったのは「社長の想い」と「行動」だけです。

でもそれが私に一番欠けていたことでした。それが売上低下の原因でした。

当時水戸店の店長だった嶋田部長が「社長、売上が上がったので休んでください」と言ってきました。私は一瞬「休もうかな」と思いましたが「前年比２％、３％アップなんてアップしたうちに入らない。アップしたというのは２桁、つまり10％以上アップすることだ」と返答して、一層の奮起を促しました。

宣言したときに「最低１年間は続けよう」と思っていたので、すんなりと行動することができました。結局3店共に10％超え過去最高売上を記録し、後のつくば店建替えの全面リニューアル月商2800万円という記録更新につながって行きました。みんなと一緒に店に立ち商売をやって業績が上がっていくことを喜びながら「榊先生が教えてくれたことは、このことなんだ」と感謝で一杯でした。

（2018年5月2日）

3　近藤浩三先生からの学び「成長の3要素」

わが社の経営の指針である「成長の3要素」の提唱者であり、税理士でもある近藤浩三先生について書きたいと思います。先生との出会いは、もう23年前にさかのぼります。

当時の私は、後に私の師匠となる榊芳生先生が主宰するOGMに入会したばかりで、経営について一生懸命に勉強を始めた頃。そこでOGMの顧問税理士の近藤先生のセミナーがありそれを受講したのがきっかけでした。

当時のわが社の税理士の先生は、父の会社からの専属の方で、30年ほどお世話になっていました。当時の経理士の仕事は、月に1度来訪していただき、帳簿をチェックして間違いがないか、ちゃんと正しく仕訳記帳されているかを、まさしく事務的にこなす仕事でした。熊田先生といって初老の真面目な先生でしたが、私は不満を感じていました。もっと戦略的な意見とかアドバイスをしてくれる先生を欲していたのでした。

近藤先生の会計財務セミナーを受講して、目の前がパーッと明るくなりました。近藤先生はまだ30代で、若くエネルギッシュに講演する姿に圧倒され、まさに私が望む税理士でした。そこでセミナー終了後、近藤先生の名刺を頂戴して是非顧問になってくれるようお願いしました。

しかしながら、先生の事務所はまだ小さく、スタッフもいないということから、顧問先は都内企業だけにとどめて、地方までは行けないとのこと。また、小さい企業は、初歩的な伝票の仕訳からやらなくてはならないので、結局事務処理で終わってしまい、先生の意図する戦略的財務の仕事までできない、ということで断られてしまいました。

断られたので諦めるしかありません。それでも、その後近藤先生にOGMの事務所などでお会いするたびに、是非顧問になっていただきたいということをしつこくお願いしていました。

当時のわが社の経理は、私がベースをつくり事務員が1人でやっていました。とは言え、当時の3店舗をオンライン化し、毎月決算をして店舗ごとに損益を計算していました。小さな企業でそこまで取り組んでいるところはなく、私は最先端の経理に取り組んでいるという自負がありました。

ある日近藤先生とアポを取り、最先端を自負する当社の帳簿類を持っていき「ここまでやっているのだから是非顧問になってほしい」と先生に見せて再度お願いしました。

すると近藤先生はわが社の帳簿を見るなりビックリした表情で「ここまでやっているとは思っていなかった」と言ってくださいました。そこで、顧問契約を結んで月1回来訪していただけるようになりました。

「地方の小さい企業でも、経理の内容は一流企業で上場企業なみを目指す」――こんなことを目標に掲げ、経理のＩＴ化、透明化、効率化を目指して取り組んできました。

近藤先生は経理だけには満足せずに、マーケティングの勉強も行うようになりました。近藤先生の訪問日に、先生が「マーケティングを勉強しているが、受講生がいないので私に聴いて欲しい」と言いました。

そして、先生は毎月来訪するたびに、受講生私1人を相手に、３時間くらい熱くマーケティングについて語ってくださいました。

最初はなんとも響く内容ではありませんでしたが、回を重ねるにつれ興味を抱くようになり、だんだんと傾倒するようになりました。

こんなことが1年くらい続いて、これを店長に勉強させたいと思いました。このことを先生にお願いすると、先生は「待ってました！」とばかり快諾してくださいました。

それ以降、先生が主導する店長のマーケティングゼミが始まりました。

ここでは例えば、お客様が食事をする前においしく感じさせる先味のマーケティング視点も勉強し、黒板、メニュー、ポスター、のぼりなどの中に入れる「おいしい言葉」について学びました。

また、先生が東京で主宰するマーケティング講座にも、わが社からもたくさんの社員を参加させました。本部の販促担当の青木さんが作成するポスター、黒板、メニュー写真などは、これらの勉強の賜物です。

その後、近藤先生のマーケティングゼミは一段落しました。次に先生が提案してくれたのが「成長の3要素」ということでした。当時のものは、その後何度か修正を繰り返して、いまに至っています。その過程で、これらの中に私の経営理念、ポリシーを入れていただきました。

3要素経営、成長の全体図は、私の師匠である榊先生の「榊イズム」にも通じる理論であり、これが「とんQ」の経営理念になっています。

私は近藤先生の元で既に10年以上も勉強しています。当社が繁栄して、われわれが幸せになるための理論であると断言できます。

しかしながら、これらの理論はごく一部の社員だけにしか理解されていません。また日々の営業に落とし込まれていません。

今年度はラストチャンスの思いで、落合先生と奥田先生に1年間来訪していただき、新たに「成長の3要素」経営の勉強をスタートしました。

これまでは店長以上が受講していましたが、これからは店舗のチーフ、パートリーダー、さらに店舗の2番手、3番手にも勉強してもらい、店舗の中に店長が中心となって理論を浸透させようと考えて取り組んでいます。

仕事はただがむしゃらに、気合と根性だけでやっても成功はしません。正しいやり方、考え方を理解し、それを広く浸透させないと結果は付いてきません。それが「成長の3要素」なのです。

（2018年6月30日）

4　榊先生が与えてくれた「夢と情」の意味

１９９５年、私がＯＧＭの会員になって以来、初めて当社にご訪問いただき、「とんＱ」本店で試食。そして、営業を見てもらったときの先生の第一声がこうでした。

「こんなダサい店、壊して建て替えろ！」

当時の当社は３店舗で、会社の中核となる本店は、創業から13年経ち、月商１４００万〜１５００万円の売上を上げる繁盛店でした。

当時のＯＧＭは、全国にとんかつの繁盛店を展開中で、水戸にも「とんＱ」のすぐ近くに「かつ太郎」が開店したばかり、その垢抜けたデザインや内部の動線、厨房器具などなどすべてが日本最先端でした。誰もがそれを認めていました。

そしてＯＧＭはこのモデルで全国に超繁盛店をつくり続けていました。

「とんＱ」水戸店は「かつ太郎」の影響をモロに受けて、前年対比80％の状態。つくばにも石岡の会員がその店を開店計画中で「とんＱは潰される！」という大変な危機感を抱いていました。

この頃の３店舗の売上は共に数年間下がり続けていて、当社には資金がなく新築などとても無理。そこで何とかリニューアルによって最先端の店に対抗できるようにしたいと思っていたところ。それをいきなり「壊せ」という。

その翌週、先生の事務所に相談に行きました。すると先生はこうおっしゃいました。

「人生をもう一度やり直すと決心したのなら、あんなエアコンもない厨房で従業員を働かせるな！快適な働く環境をつくってやる。そのために、この店を壊して、最先端の店にするのが社長の役目だ！」

そして私は、１週間考えて決断しました。妻にも宣言しました。

「１億円借金して本店を建て替えるが、もし売上が上がらず借金が返済できなかったら、この家は銀行に取られてしまう。もちろんそうならないように全力で頑張る」

すると、妻は１週間口を聞いてくれなくなりました。８日目に「やればいいよ。私たちはもともと何もなかったのだから、もし失敗してもまた元に戻るだけだから、やればいい」と言ってくれました。

こうして妻が私の背中を押してくれたおかげで、私のチャレンジ精神が再び大きく燃え上がりました。

それからは、一心不乱に新店への建替え、設計から解体工事、駐車場確保の交渉、そして資金繰り、銀行交渉などなど、諸々の問題に真正面からぶつかって行きました。

苦節１年後、最先端の店舗が完成しました。

オープン前日の夕方、陽が落ちてから全照明をＯＮにして、向かいの道路から店の全容を見たとき、感動で涙があふれてきました。

この新店はオープン1か月で2700万円を売り、当時のOGMの指導先が持つ最高売上の記録を破り、新記録をつくりました。

そのことを報告するために先生の事務所を訪問しました。そのとき、先生が色紙に書いてくださった書が「夢と情」でした。

「経営者は大きな『夢』を持ち、全力でチャレンジすべし。そして成功したなら夢を叶え何でもやれ！」

「でも一緒に頑張った部下にも『情け』をかけてやり、いい給料、賞与、役職、休日を与えてやるのがリーダーの責務である」――このような意味です。

（2019年11月1日）

5　モノを売るのではなくコトを売る

私の師匠である榊芳生先生からの教えの1つで、商売上のとても重要な考えである「モノを売るのではなく、コトを売る」について説明しようと思います。

商売で成功するには、いろいろな要素が必要ですが、この考え方を理解し行動できるか否かがその成否を決めると言っても過言ではないくらい非常に重要な考え方です。

21世紀の今日、一部を除き世界中が豊かになりモノがあふれかえっています。

このような現象は、日本も例外ではなく、ないものがないくらいあらゆるモノがあってあふれかえっています。

終戦後75年が経って、当然ですが昔の日本とは全く違います。ニーズ、ウォンツは、その時代の豊かさ、貧しさに影響を受けて変化します。

戦後の貧しい時期は、食べる物も着る物も住まいも、いわゆる衣食住すべてがなかったわけです。だから、人々はわれ先に自分のお腹を満たすこと、衣食住のウォンツの欲望を日々追求していたわけです。

お客様にとって、白いご飯をお腹一杯食べられれば幸せだったのです。

ですから、その時代の商売で成功するには、安くて量が多い食堂が繁盛したのです。おいしいとか、おもてなしはまだ先です。

時代が変わって、モノがあふれかえっている現代ではどうでしょうか。われわれの飲食業は、おいしい料理、おもてなしの接客は当たり前の世界で、それができなかったらいまの時代では生き残ることができません。

そして、これに加えて必要なモノが「コトを売る」ということなのです。

つまり、おいしい料理、気配りを充実させた接客によって、お腹も一杯、心も一杯になり、お客様の家族の団欒や親しい人との幸せな時間を共有していただくことが「コトを売る」という意味なのです。

おいしい料理、おもてなしの接客と専門店らしい雰囲気の店づくりで、お客様を幸せにして差し上げることが21世紀の繁盛店づくりのポイントです。これが、最高の高付加価値であり圧倒的な差別化となります！

この考え方は、すべての商売に共通しています。

例えば、ネット通販の「ジャパネットたかた」もこのやり方で大成功しました。

電気製品などのモノは、同じモノがどこにでも売っていますから、究極価格競争になりやすい業界です。

高田社長はコトを考えて「この製品を買ったら自分のライフスタイルがこのように楽しくなる、変わる」ということを、具体的な例を挙げて説明して、お客様のイメージを膨らませ、結果商品を爆発的に売りました。

私は昔からこのＴＶコマーシャルを見るのが好きで、高田社長の独特の甲高い声が今も耳に残っています。

われわれの飲食店も、モノからコトへと言われてから、もう随分と経ちますが、残念ながらまだまだその領域に達していない店がほとんどだと思います。「とんＱ」でも繁盛していない店舗はコトを売っていません。

高付加価値こそがより高客単価を生み、高利益をもたらします。

その商法こそが少数店舗展開でも大手企業に引けを取らない健全経営ができる唯一の方法だと思います。

（２０２１年９月１日）

第4章　「育成」こそが企業成長の命

1　人材「育成」のできる会社に「営業」ができる会社に

20年前、師匠の榊芳生先生から「年商10億、営業利益1億未満は、半人前の経営者だ」と言われ、当時3店舗、年商4億、営業利益3000万円の自分は、飛行機はエコノミークラス、新幹線もグリーン車に乗せてもらえませんでした。

1人前の経営者になるために夢中で勉強し働きました。そして、創業4年目にして7店舗、年商10億円、営業利益1億円を達成し、榊先生に報告に行きました。

そのとき、榊先生からこういわれました。

「あなたがやったように、年商10億円達成までは、社長が何もかも1人で一生懸命働けば達成できるが、次のステップの年商20億円、営業利益2億円を達成するためには、社長1人では絶対無理。社長の右腕、左腕、右足、左足の少なくとも4人の経営幹部を育てる必要がある」

商売で4本柱といえば、①営業、②経理、③仕入れ、④採用です。その後幹部育成に注力し、いろんなゼミ、勉強会、海外研修、成果報酬などを導入しながら幹部育成に取り組んできました。しかしながら、達成することができませんでした。②③④は合格ラインに達していますが、一番重要な「①営業」が低レベルにあり、店舗間格差、つまり店長間格差が存在しているのです。

②③④は、個人の能力があればある程度できる業務内容ですが「営業」はチームプレイであり、

いくら店長が１人で走り回っても、結果は出るものではありません。

では「当社の営業のどこがダメなのか？」。それは「育成」ができない。育成する教える側のレベルが低い。とんＱではもう何年もやっていても成果を出せない店長が何人も存在しているのです。

その店長の特徴は、前述したとおり店長が走り回っていて、他のスタッフに教えていません。または、作業ばかり教えていて、何故やるのかという「成長の全体図」の一番基本である、理念＋自分の想いを伝え、理解させ、納得させせて、やる気、その気にさせることができていません。

そんなことで、毎日ただ、夢も目標も幸せ感も充実感もない、やらされ感、義務感で仕事をしているだけの店長になり、組織になり、決まりきった作業をしているだけのチームになっているのです。だから売上が上がりません。ＳＶ、部長も同じことで、店長のやる気を引き出すことができず、チェックマンに成り下がり「育成」とは言葉だけで何年たっても誰一人も育成できていないのです。

とんＱは、何年もこういうことを繰り返してきて、教える側の育成ができていませんでした。

ここを何としても変えたい！

リーダーは、その理念と行動が部下に影響を与え、結果部下を変え、結果組織が活性化し、やる気にあふれる社員が増え、その結果お客様を喜ばせ、感動させるＱＳＣに変えることができ、その結果売上増につながるのです。

これから「育成」ができる幹部社員を育成しないと、とんＱの将来はないと断言します。


（２０１９年１月３日）

2 「想い」とは？「育成」が必要になる理由

今年は、是が非でも「育成できる人を育成する」を最優先テーマに考えて、1年がスタートしました。そこで、店長ミーティング、営業会議、SV研修など、さまざまな取り組みが始まりましたが、それらに取り組みながら感じるのは「差」です。

なんの差か？　それは「考える力の差」「行動力の差」「何でもかんでもやってやるという迫力の差」――これらを一言で言ってしまえば「能力の差」ですか。私が考えるに、それは「想いの差」ではないかと思います。想いとは、大別して、6ぐらいに分けられます。

①自分がどうしたいか？　どうなりたいのか？　という夢や目標。
②あれが欲しい、これが欲しいという物欲。
③親、兄弟、配偶者や子ども、家族への想い。
④ボランティアなど他の人々への想い。
⑤働く仲間の部下、上司への想い。
⑥自分の生き方へのこだわり、想い。

この「想い」を持つか否かで、人生が決まると言っても過言ではありません。逆に、この想いがないと、仕事は絶対に成功しません。人生も普通、感動とか達成感とか幸福感とかを感じられない普通の人生で終わってしまうと断言できます。

まずは、頭の中を整理して、自分の人生を考えて、心が踊る、ウキウキする「想い」を箇条書きにしましょう。その想いをいかに実現するか、行動して体感するかが次の第二段階です。

ここで重要なのは、箇条書きにした「想い」の各項目を、よりもっと具体的にすること。いつ、どこへ、何を、誰と、幾らくらい等々を、より具体的に表記しておきましょう。

そして、仕事とリンクさせましょう。想いを実行するには、お金と時間が絶対に必要です。

ですから、そのお金と時間をどのようにすれば、今の仕事の中から獲得できるものか。結論は、客数を増やし、売上を上げ、利益を上げて、実績を出して、上司、会社から評価してもらう。そのために、お客様と働く仲間にどのようにして、どれだけ喜んでもらうか、感動してもらうか。こんなことを考える必要があります。

われわれの仕事はチームプレイです。そこで、いくら店長、ホール長など店の幹部社員が1人で頑張っても結果は出ません。

今日1日普通に営業するために、店長が一人で駆けずり回っても、絶対に結果は出ません。

売上を上げるには、安心レベル、感動レベルの仲間をたくさん育成し、いつも80点以上の営業をしてお客様を喜ばせ、感動していただく必要があります。こんなことがなければ、飲食店の商売では成功しません。

だから「育成」が必要になるのです。

（２０１９年2月4日）

3　「育成」とは？　共に毎日行うことで共に成長する

前回「育成」の中での一番大切な部分となる「想い」について説明しました。では「育成」とは、どのようなやり方をすれば実現できるのでしょうか。

当社のレストラン「ＪＵＮ ＢＯＯ」の矢田部店長は、担当している「ＡＲＺ」と「ＪＵＮ ＤＯＯ」で、ここ1年の中で「育成」の実績を出しました。近藤ゼミの成長の3要素、成長の全体図を基本にして、彼が独自に考えて応用した手法とは、次の通りです。

①組み立て表作成

これは育成される側が主に考えて、育成する上司と一緒に、課題（テーマ）を、より具体的に列記します。特に「目的」については、１００％プライベートの内容であることが基本。「目的」「出口」のイメージを明確にしておくことがポイントです。

②振り返り

課題、テーマに対してどうだったか？　×を○に変えるために、何を考え、どう行動したか？

その結果「何か発見したか？」「何か変化があったか？」ということを、毎日振り返り、上司に報連相します。それに対して、上司はアドバイスを与えます。

仕事で疲れきった身体と頭で、毎日これを繰り返して行うことは、かなりハードなことで忍耐力が要求されます。

しかし、これをやり続けることで、育成される側の本気さ、真剣さ、本物かどうかがわかりますから、続けることができるそうです。

またその過程で、育成する側の上司も、育成される部下も、真剣で本気であればある程、本気度が高まって熱が入るそうです。

「育成」は、決して育成される側が、育成する側に対して、一方的に身を委ねることではありません。教える側にとっても、さまざまなことに気づいたり、勉強したり、共に成長できるものなのです。

これを毎日繰り返すことによって、育成をする側もされる側も、プライベートの目標はもちろん、仕事の目標なども細部にわたって共有し、それによってお互いを知ることになります。こうして、上司部下の関係を超えた互いの目標に向かう同志のような絆、結びつきを深めることになり、より一層「想い」が深く入ることになり、結果「育成」「成長」につながるのです。

これは大変な労力を要しますが、両者ともに底辺に流れる熱い「想い」があるからできることだと思います。

（２０１９年2月28日）

4　「育成」できる人を育成する　細かい仕事までリンクさせる

２０１９年度の主テーマが「育成」ですが、もっと突っ込んで「育成できる人を育成する」にしました。「育成」とは「成長の全体図」のすべての内容をすべてきちんと理解していること。そして、これらを伝えられることができることです。

これらの中でも「理念＋想い」が最も重要です。理念は社長の想い、つまり社長はどんな会社にしたいのか。それは、経営理念、三位一体の歓喜感動ですね。「想い」とは、社長の理念を受けて、自分の「想い」を整理すること。「自分はどうしたいのか？」「どうすればいいのか？」ということです。

その行動手順をまとめると、次のようになります。

①これらをキチンと整理整頓して「想い」を箇条書きにする。
②部下、上司、働く仲間に想いを伝える、理解してもらう努力をする。
③自分の想いを少しずつ実行（行動）する。その過程で感じた思ったことを言う、伝え続ける。
④仕事で結果を出し、認めてもらうために、いかに想いと仕事と結び付けられるか。

上記のことを、3日、3週間、3か月間を目標にして、結果80点以上のオペレーションをやり続けることができれば、売上は絶対に上がっていきます。

創業当時、私はこのようにして繁盛店をつくってきました。いくら「想い」を話しても、細かい仕事までリンクしなければ意味がありません。また、チーム全員のQSCレベルを80点以上に引き上げなければ駄目です。1人だけいくら凄い笑顔ができても、他の人が40点、50点レベルであったら、平均80点以上にはなりません。

今日はAチームが80点、Bチームが50点、今日はクレームをもらった、お褒めの言葉をいただいた――こんな具合にアップ・ダウンの激しい営業をしていたのでは「売上」に届くことはありません。また、教えないで、店長1人で走り回っている店長の店は、絶対に売上は上がることはありません。

とんQのオペレーションの言葉、表情、行動は、本当に細かいことばかりを示していますが、その理由はとんQが「専門店」として、いわゆるファミリーレストランとの違いを明確にしたいからです。とんQには専門店としての料理と接客があるから、ちょっと高いけどお客様は来てくださるのです。専門店としての手の届く贅沢をお客様が味わうことができる。――これがとんQの目指す店舗です。

そんな専門店のリーダーが「店長」です。この店長がスタッフを指導育成して繁盛店をつくっていくのです。

そのためのマネージメントが「育成」です。それができるマネージャーを「育成」することが、今年度のテーマである「育成できる人を育成する」ということです。

労務改善も業務改善も「育成」次第です。「育成」できる人を何人も育て、私が望んでいる差別化された専門店レベルのQSCを実現できたら「どんなに繁盛することでしょう！」「どんなにいい会社になるでしょう！」「どんなに楽しく働けることでしょう！」。そして、みなさん「どんなに幸せになれることでしょう！」

（2019年4月1日）

5　会社を変える、変えたい！「育成の連鎖」をつくろう

先の経営発表会でも言いましたが、今年度は会社を変えたいと思っています。具体的にどのように変えたいのかを考えてみました。

当社は創業から満37年が過ぎ、38年目を迎えています。一番反省することは、「育成」ができなかったことです。作業ができるだけ、それも自分ができるだけの組織だったなぁと思います。

代々の部長、ＳＶを思い出してもみなそうでした。あれだけ熱心にＯＧＭの榊芳生先生のもとで勉強していても、それが活かされていませんでした。何だったのだろうと深く反省しています。

当社の中に、教えることができる人がいなかった、「育成」できなかったことが原因ですが、そのまま何十年も修正できずにずーっときてしまった。

ＯＧＭよりご指導をしていただいた時代に榊先生から目を掛けられ、ＯＧＭを代表する会社に成長できて、当時はとても輝いていました。それが、どこにでもあるような普通の会社に成り下がってしまった。反省！　反省！　反省です！

ただ、昨年矢田部店長と石塚店長（両名共今期からＳＶ）が「育成」で結果を出して、初めてマネージメントができる社員が出てきました。私にしては、本当に待ちに待った人材登場です。

「育成」のやり方については、まだまだ賛否両論あると思いますが、とにかくやる気のある部下

を短期で育成するきっかけをつくることができたことは、特筆に値します。これからの課題は、それを連鎖させていくこと、つまり「育成の連鎖」です。

今年はそれを本気でやりたい！　その結果として、育成できる人を全店長の50％、半分まで広げたい。半分の店長が「育成」できる手法を会得すれば、その店長がその部下社員を育成し、その連鎖で会社は大幅に変わることができると思っています。

「育成」の連鎖が進めば、夢や目標を持つ、やる気のある社員が増えていきます。組織が、店舗が、会社が、活気溢れるイキイキした組織に生まれ変わることができるのです。労働生産性がアップして、業務改善、労務改善につながるのです。結果を出した社員を登用し優遇することによって、社員のモチベーションがますますアップします。

上記の反復と連鎖によって、見違えるような店舗や会社に変わることでしょう。

創業以来37年間やってきて、繁盛店をつくってきましたが赤字店舗もあります。そこで全力で赤字店舗をなくし、労務改善とリーダー育成に全力でチャレンジします。

私は第一線を退く前に、何としても挑戦してそれなりの結果を出したいです。笑って引退したいと心から思っています。そのためには、これまでのような会社運営はしたくありません。やっと出てきた「育成」の芽を大事にし、育てていきたいと思います。

「育成」できない人はリーダーにはなれません。リーダーになりたいなら「育成」できるマネージメントを全力で勉強してください。

私は社長として誰にでもチャンスは与えます。アドバイスもしたいと思っています。1年後に何人のリーダーが出てくるのかを楽しみに、今年度全力で「育成」をやっていきます。よろしくお願いいたします。

（2019年5月8日）

6　リーダーは、自分を変える努力をする

リーダーの一番の共通点は、自分を変える努力をしていることです。

矢田部、石塚両SVも昨年決起大会で「大好きな休み」「お酒」を止めると宣言しました　リーダーになるために自分に足りないものを探し出し、挫折し、反省し、謙虚になって自分と闘いながら、辛く苦しい試練の時を迎えていることを実感したのだと思います。

普通、人は「自分は悪くなく相手が悪いから、自分は何もしないで相手にだけ変わって欲しい」と思っています。だから、上から目線で「アレやれ、コレやれ」と命令し、人を動かそうとします。

しかし、人はそう簡単には動いてくれません。

また、自分の想いを伝えれば人は自分のために動いてくれると誤解している人もたくさんいます。

リーダーの肩書があっても、相手にばかり指を向け、相手のせいにする人はリーダーではありません。「育成」なんかできません。

部下が動いてくれないのは自分のせいで、動いてくれるためにはどう自分を変えるか。この心理

状態になることがとても重要なことです。

私は大学で山のクラブに入部しました。その動機はもちろん山が好きだったからです。また、厳しい体育会系で自分を鍛えたかったという側面もあります。

オートバイでユーラシア大陸を走破したのも、劣等感を払拭してもっと強い人間になりたかったから。そんなことのために2年間も準備して、旅行では、恐怖、孤独、望郷と戦いながら、チャレンジ精神で行動しました。

恩師の榊芳生先生と出会った経営者大会で、坂東太郎や雪村の社長と名刺交換したときに「全国の飲食経営者の人たちは、コンサルタントの先生のもとでみな一生懸命に勉強している。俺は何をしていたんだ！」と考えたものです。

当時、たかだか3店舗くらいで満足してしまい「社長失格！」と心から反省して、自分自身を戒めるつもりで「休み返上」を宣言し、連日朝9時からラストまで店舗に入り、1年6か月間やり続けました。結果、3年間連続売上ダウンから、3店舗共に2ケタの売上アップを達成することができました。

自分が、部下が、家族が、幸せで充実した人生になるために、自分を変える！

リーダーとは、その想い＋情熱＋行動することで、結果部下に背中を見せることで、部下からの信頼を得られリーダーとして認められるのである。勤務年数や役職では人は付いてきません。

（２０１９年６月６日）

7　会社が変わる前兆　「育成」によって人材が育ってきた

最近、ちょっとだけいい変化を感じられる現象があります。

まず、矢田部、石塚両SVの成長です。SVの一番の仕事は、店長をマネージメントできる人、「育成」できる人に変えることです。

そのためには次の4項目を店長たちに理解をしてもらう必要があります。

①自分の想いの整理整頓：夢、目標、物欲に対する想い。上司に対する想い。部下に対する想い。生き方に対するこだわり。

②自分を変える行動：好きなことを断つ。修行、苦行。

③背中を見せる行動（情熱を伝える）：みんなが嫌がる仕事をする。掃除など。

④QSC、数値が見えているか？：問題点発見能力。問題点解決能力。

この2人のSVは、これらを店長に語り、理解してもらい、情熱を持って日々行動しています。

私はSVレポートを日々読んでいますが、この中にSVの視点と想いが詳しく記されています。

この2人のSVが、担当店舗を回るようになってから、仕事に対する意識が如実に変わってきた店長が何人も出てきました。

橋本店長、新井店長、森作店長、迎店長、中根店長、鈴木チーフ、黒田ホール長、などです。日報の内容が劇的に変わってきました。

橋本、新井両店長は、以前は店長としてのＱＳＣの知識、オペレーション力は皆無に等しかったのです。このような私の指摘に対して石塚ＳＶは「そうです」と言いました。石塚ＳＶは、それを想いから始めて、１つひとつ根気よく丁寧に説明して、理解してもらったとのことでした。

石塚ゼミと称して、店長には週１回、営業後の深夜に本店に集合してもらい勉強会を行っています。まだ結果は出ていませんが、先日の橋本店長の５月数値の日報には感心しました。数値を細かく分析していて、確実に視点が変わってきています。

新井店長も同様で、オペレーションはわからないことばかり。店内の基準が曖昧で、従業員同士は緊張感を欠いた仲良しクラブだったそうです。加えて性格的にだらしないところがあって、クレンリネスができてなく、本店が終わってから石塚ＳＶは、深夜にイーアス店に行って、退店時間が遅れることの罰金を払ってまで、新井店長と２人で掃除を行ったそうです。

森作店長は10年かかりましたが、やっと「とんＱイズム」、理念を理解するようになってきて、自分の人生観と仕事観に向き合うようになり、新たな想いを抱くことできるようになりました。森作店長の日報を読むのが楽しくなってきました。

矢田部ＳＶの場合、昨年までは洋食だけの担当でしたが、６月から急遽「とんＱ」も担当することになって、春日部店、インター店へ行って、迎店長、越店長と育成できる店長づくりに向き合っています。組立表を店長と一緒につくり、振り返りを実行して「育成」できる人に変えるために、一生懸命努力しています。

「この人を一人前の店長にする、楽しく働けるいい会社にするんだ！」という想いと情熱がなければ「育成」はできません。

（２０１９年７月２日）

8 お盆商戦「育成」によって全力で勝ち取ろう

また今年も暑い夏が到来しました。今年のお盆営業は、暦の影響で9日間の長丁場となります。どうかみなさん身体に気を付けて、がんばってください。そして今回初めて、お盆営業後の27日、28日と2日間を全店休業日としました。４日間のお盆休みと併用して、どうぞ有効に楽しく使ってください。

「労務改善」は必須です。もっと休日を増やして、１日の労働時間を1時間単位で減らしていく必要があります。長時間労働を変えて行かなくてはなりません。

しかし「労務改善」だけ先行すると、売上が下がり利益が下がりで賞与支給に影響がでてしまいます。もっと労務改善を推進するためには「業務改善」をもっとやるしかありません。

業務改善とはイコール「育成」です。「育成」を徹底的にやって、結果ＱＳＣの営業内容をアップし、かつ労働生産性をアップするしかありません。そのためには、まず店長のレベルアップが必須です。

今年度中に店長の半分を「育成」できる店長にしたいと思っています。「育成」ができるようになれば、比例して売上も上がっていきます。そのために二人のＳＶは、日々店長を全力で指導しています。

今年度中に、できる店舗から月７休を実施します。会社は絶対に「労務改善」をします。

そのために、まず店長がたくさん勉強して、これまでのとんＱの悪習から脱却して、自分も部下の社員も一皮も二皮も脱皮して成長しなければなりません。

これまでは「育成」ができず、ただ作業を教えているだけのとんＱになっていました。10年以上在籍している社員でも、作業しかできない、また作業さえもできない社員、店長ばかりでした。これでは業績は上がるわけがありません。このことが私にとって一番の課題でした。

しかし、一縷（いちる）の望みが見えて来ました。これまでどうわめいてもできなかった育成が、このやり方を信じてやればできるかもしれません。

仕事で一番のやりがい、嬉しさは、部下の成長を確認できた瞬間です。自分が信じている社員、目をかけた店長がやり方を理解して、部下の「育成」ができるように変化し、とんＱ基準の感動レベルの営業を実行して、結果、増収増益を達成したらどれ程嬉しく感動することでしょう。是非、働く仲間の歓喜感動を達成して、成功体験をして欲しいと思います。

「育成」できないと、店長はもちろん、部下の社員さん、パート・アルバイトさんに至るまで、働く意味を理解してもらえません。このような彼らは、つまらない仕事を淡々とこなす、つまらない人生で終わってしまいます。ワーカー店長ではなく、育成ができるマネージメント店長、つまりマネージャーに、1人でも多くの店長さんたちがチャレンジして欲しいと思っています。来年3月までに、50%の店長が目標です。

猛暑中、繁忙期中、また人不足中、くれぐれも身体に留意して、お盆商戦を乗り切ってください。よろしくお願いいたします。

（２０１９年８月５日）

9　店長は「とんQ」基準を知らな過ぎる

７月の成績は創業以来、初めての酷い成績でした。

前年比１００%超えは、15店舗中たった2店舗で、90%〜95%が7店舗、そして最低が81・5%赤牛水戸店、82・4%赤牛守谷、86・7%野田、87・4%春日部、89・1%赤牛本店、と前年割80%台が、何と5店舗もありました。

営業利益も前年１０００万円に対して、たった86万円、マイナス91・4%と信じられない結果でした。

何故こんな結果になったのか、考えてみました。結論から言うと、次の2つです。

①ＱＳＣのレベルが低い

店長が「とんQ基準」を知らないため、知らないから×を発見できず、×から○に変えられることができていませんでした。

②数値管理の知識がない

店長に原価、人件費、経費をコントロールするための知識が欠けていました。

つまり売上を上げるためのQSCも、上がった売上を1円でも多くの利益を出すための数値コントロールの知識がないのです。さらに、このような営業の大事なことを、営業担当者が教えていなかった、いい加減だったということに尽きます。

ここ数年間、徐々に売上も下がり続け、利益率も年々下降線をたどっています。それらの原因は、前記の2点に集約できます。

とんQに入社して10年以上の在籍店長が何人もいますが、とんQの営業基準もできない、数値管理も知らない店長が多数いることの結果です。

今年度4月から、矢田部、石塚、両SVが店舗巡回を始めて、社長への報告を聞くと、次の問題が起きていることがわかりました。

①店長がQSCの基準を知らない、知らないから×ばかりで、会社基準ではなく店長基準のQSCになっている。

②仲良しクラブで厳しい訓練、教育ができてない。

また、これまで何年間も近藤ゼミ、落合ゼミで「組織が大事だ」と勉強してきているのに、組織を乱したままで放置していて改善できていない店舗もありました。せっかく、理念、ポリシー、想いを理解されるようになってきたのに、QSCが「成長の3要素」とリンクできないところもありました。この現実を見て、本当にショックでした。思わず「倒産！」の文字を思い浮かんだものです。

とんＱは自己資本率70％を超える優良企業ですから倒産はあり得ません。が、しかし、こんな経営をしていては賞与も払えない、いい会社とは絶対に言えません。これは全部、社長である私の責任です。同時に、人事の重要さがつくづく身に染みました。

店長の仕事は、自店の、組織、ビジネスモデル（ＱＳＣ）、マーケティング、数値の各項目の「問題点は何か？」を発見すること。そしてそれらの問題点を解決することです。

このような視点で店舗を見ることをせず、ただ走り回ってオペレーションだけをやっているだけでは、何年たっても結果が出ません。店長は半人前で終わってしまいます。（２０１９年９月３日）

10　社長店舗ＳＶで感じたこと　「とんＱ社長基準」を守ろう

近年の売上ダウン、利益率半減を受けて、久し振りに店舗に行きバイジングしてきました。目的は、社長の目でこれらの原因を探ることと、矢田部、石塚両ＳＶに営業の社長基準、視点を伝授しました。

これまでまとめてきたマニュアルに反していた残念なポイントを挙げておきます。

・仕込み時にひれ肉を常温で放置してスジ引きしていたり、ひいたひれ肉を番重に3段に重ねていた。
・肉類は冷蔵保存が常識。常温、ましてや9月はまだ夏でドリップが出てすぐ劣化する。

・カットしたロース肉に屠畜日、カットした日を記入するラベルが貼っていないから、熟成日がわからないし、カットしてから48時間内に売り切るルールがあるのに確認ができない。肉は熟成が命！　だから納品時に屠畜日を記載しているのに。
・肉の塩、胡椒について、ランチ分は朝の仕込み時に。ディナー分は夜の繁忙時前にやり、ピーク後はツーオーダーで行うルールなのに、翌日分まで塩、胡椒をやっていた店舗もあった。塩、胡椒をすると、肉の細胞に入ると同時に旨みの肉汁が出てしまい劣化する。
・とんかつの揚げ具合は、真ん中をカットしたときに薄いピンク色がベスト！　そう揚がるように揚げ場とカット場の人が、いわゆるキャッチボールをして、１枚１枚ピンク色状態を確認するのがルールだが、全くなされていない。これもただ機械的、事務的、マニュアル的に作業をしているだけで、おいしい最高のとんかつを召し上がってもらおうという気持ちが全くないということです。
・ご飯、味噌汁は、開店時に炊飯、仕込みをするものですが、暇な状態でもいつも同じ量をつくっているために、ご飯はおいしくなく、味噌汁も煮詰まっている状態。それでも平気でお客様に出している。ご飯も味噌汁も炊きたて、つくりたてが一番美味しいのに、その意識がない。
・白菜お新香をパートの人が盛り付けしていたが、絞ってないからビジャビジャ状態であれでは水っぽくておいしくない。店長はそれを見てないからわからない。

このように、38年間かけてつくってきた繁盛店の「社長基準」がことごとく守られていませんでした。これでは売上は上がるわけがありません。利益は垂れ流しの状態です。

さて、これからやることは、こんなことです。

・まず、各店長が「とんQ社長基準」をしっかりと学び習得すること。正しい知識、やり方を勉強することから始めます。

・そのためにも教える側の両ＳＶは、全部社長基準を理解し自分でできるレベルまで持っていかねばなりません。

私は、みなさんにとんQに入って、私と出会って、いい人生、感動ある人生、幸せな人生を歩んで欲しいと思っています。それにはお金、時間が必要です。そのお金と時間をとんQで獲得していって欲しいのです。私は、そのチャンスをみなさんに平等、公平に用意しています。

（２０１９年10月２日）

11　能力のピラミッド「レベル4以上」の「育成」を

先月、矢田部ＳＶの塾を受講して、そこで活用されていたこの図表「能力のピラミッド」を見てピーンと感じました。とんQには、入社10年、15年、20年の社員が多数いますが、残念ながら万年店長、チーフとかが多いです。また努力して相応の結果も出し、ＳＶ、部長に昇進しても、そこで成長が止まってしまう幹部社員もいました。

【能力のピラミッド】

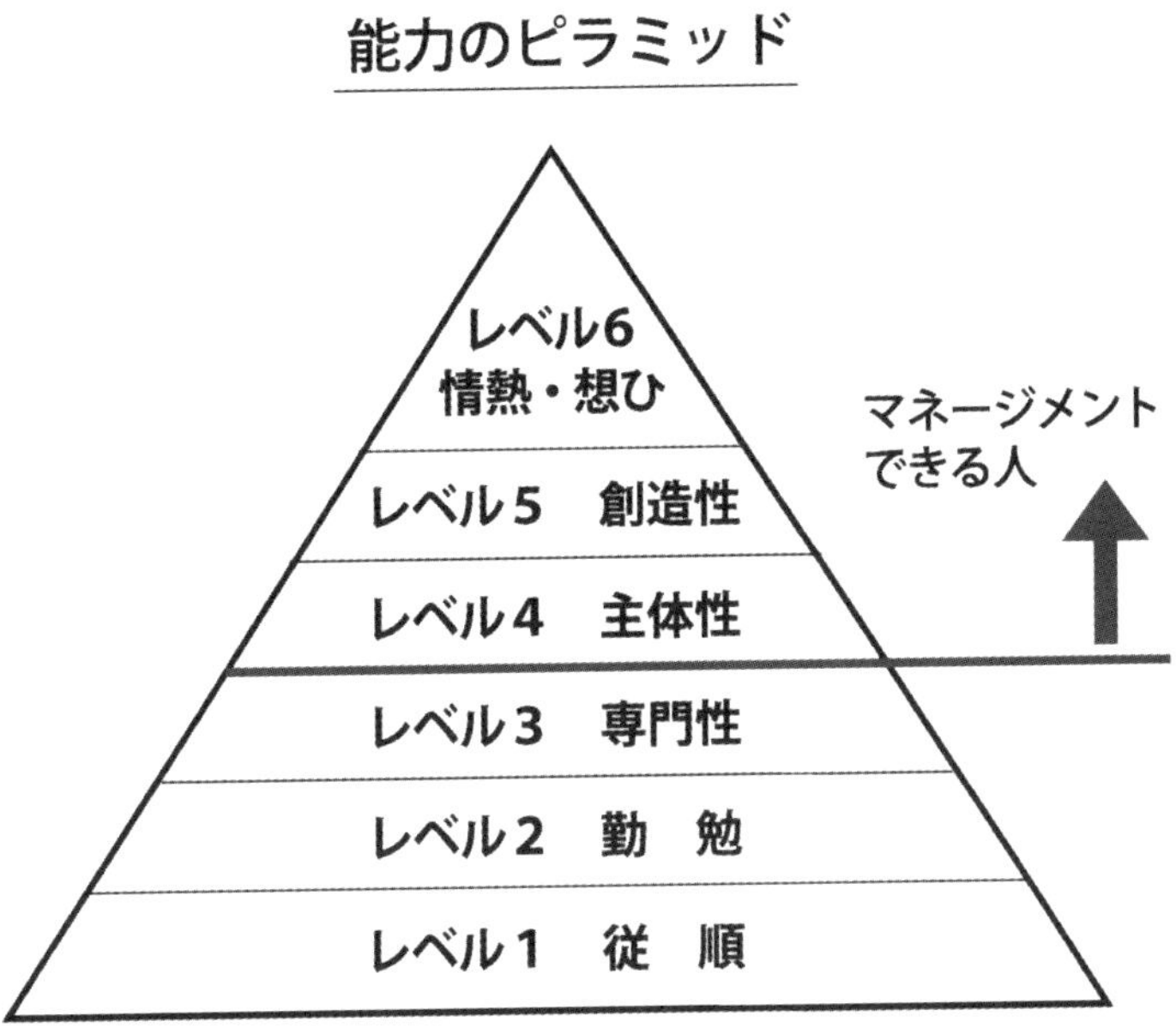

レベル6	情　熱	物事に関して激しく燃え上がる感情を持っている事
レベル5	創造性	クリエイティビティ・新しい何かを考え出すこと
レベル4	主体性	自らの意思・判断によって、自ら責任を持って行動すること
レベル3	専門性	専門的な知識・技術を持っていること
レベル2	勤　勉	自分自身の能力を上げる為に一生懸命勉強し、知識をつける事

「なぜ？」

それは第一に、自分の人生の夢や目標、ビジョンを抱いていません。あるとしても目先の小さな目標、趣味程度だけ。10年一節の大いなるビジョンや人生設計がありません。だから、知識、技術、能力をつけて結果を出して「夢、目標を実現しよう！」「もっと稼ごう！」というチャレンジ精神が生まれないのです。ただ日々の決まった仕事を淡々とこなしているワーカーに過ぎず、10年、15年、20年とただ時が経過して行きます。結果、給料も賞与も増えない、上司、社長にも認めてもらえないのです。

全社員に問います！　あなたのレベルはどれくらいだと思いますか？

「レベル４」以上のマネージメントできる人を「育成」することが、最も重要で最も優先されるテーマなのです。

いい会社にするために「労務改善」を行い、売上、利益の業績を上げるため、とんQらしさを復活させるために、レベル４以上の能力を持ったリーダー、マネージャーを「育成」するしかないと痛感しています。

そのためには、今までのぬるま湯の人生からの脱皮が必要です。

まずは意識を変える意識改革が必要です。意識が変わらなければ、何も変わりません。意識が変われば考え方が変わり、取り組み方が変わり、結果が変わります。チャレンジ精神がなくなったら、人生は終わりです。

（２０２０年３月[illegible]日）

12　「会社を変える」とは　自分で変わろうという「本気さ」

私は「会社を変える、変えたい」と常々言っていますが「変える」ということはどういうことでしょうか。それは、教える人の質＝想い＋能力（知識、技術）を持つリーダーを１人ひとり教えて育成して、増やすということです。

会社が長期間低迷したのは、正にこの教える側、教えられる人、このためのリーダーを「育成」できていなかったことが主因です。想い、物の見方考え方、社長基準のＱＳＣの実践能力がない人。突き詰めると、問題点発見能力、問題解決能力のない人が、部長、ＳＶになって、結局何にもできなかったのが原因です。

もちろん、そういう能力のない人を任命したのは社長の責任です。しかしながら、社長とすれば少しでもいい給料を払おう、いい人生を送ってほしいと、目にかけて一生懸命に努力しました。しかし、その社長の想いが通じませんでした。一人前にしようという想いが理解してもらえなかった。ただの口やかましい社長としか思われなかったようです。

しかしながら、最近「育成」ができるＳＶも出てきました。とてもうれしいことです。

会社を変えるとは、自分自身が本気で変わりたいという「本気さ」を持っている人を選定して１人ひとりに本気でぶつかって、真心で語り、聞き、心と心の接点を醸成しながら「育成」することにほかなりません。そしてこのような人たちの絶対数を増やし、輪を徐々に広げることです。

これは、決して容易なことではありません。37年かけて、私の人生をかけてやって来たのに、「本気さ」のない会社のままでは、私自身が「何のための人生か？」と後悔するに決まっています。

正直に申しまして、私はこれまで「Ｍ＆Ａで会社を売っちゃおう」と思うことが何度もありました。いま「育成」ができるＳＶが育ったことで、会社は間違いなく継続できると思っています。

そこで、これらのＳＶを取り巻いている人たちを「育成」して、とんＱを変えて業績を伸ばしていくのです。それが実現したら、精一杯の感謝を込めて、みんながびっくりするような賞与と支給して、いい会社になったことを見届けてリタイアメントしたいと思っています。

私はとんＱを亡き妻と創業し、これまでお客様から喜ばれる、感動してもらう、良心的でなくてはならない店、どこにも負けない繁盛店づくりを心の旗印に、これまで頑張ってやってきました。妻と誓った「なくてならない店」をつくり上げるための使命感を熱くして、最後の挑戦をします。

「店を変えたい！」「会社を変えたい！」

心を共にする方がいたら、あなたの力を是非ともお貸しください。

（２０２０年7月6日）

13　とんＱ念願の新体制スタート

２０２０年10月1日より、とんＱの待ちに待った念願の新体制がスタートします。

これまでみなさんにはお話ししていましたが、「会社を変える！　変えたい！」の社長の想いが、やっとそのスタートが切れます。新営業部長に矢田部ＳＶを昇格し、新ＳＶに中根店長を昇格。会社の要である「とんＱ」つくば本店の店長に、水戸インター店から越店長を抜擢しました。

営業部長は、長年空席でしたが、やっとその任にふさわしい人材を選任することができました。38年間の創業以来最強の営業部長です。これまで何度も営業部長で失敗をしてきました。ましてや矢田部新営業部長は私の息子なので、慎重にかつ厳しく育成してきました。本人も努力し成長してくれた結果です。

矢田部ＳＶが新営業部長に昇格したポイントは、やはり「育成」ができることに尽きます。新ＳＶの中野店長はじめ、越店長、荒店長、新井店長、谷口店長、山本店長、黒田店長等々、１年半の短期間で、矢田部ＳＶの影響を受けて、以前とは別人に変わりました。経営理念、夢や目標、社長の想い、部下への想いを語り、１人ひとりと正直に向き合い、真正面からぶつかって説得して、やる気にさせるその姿に、たくさんの人が感銘を受けたことでしょう。

２番目は、提案力です。大幹部の仕事は、経営理念をはじめ今年度の経営方針、営業方針から見てどうすればそれらが達成できるか、ということを考え、社長に提案することです。矢田部新営業部長の思考力、提案力は、その質、内容共に非常に優れています。毎月の店長ミーティングの課題や講話の決定、労務改善コンサルタントの提案など。これらの提案をとても嬉しく感じました。

会社を変えるのは社長一人ではできません。社長のこの想いを理解して、共有して一緒にそういう会社に変えて行こうと想う仲間が必要なのです。そのためのスタートが、来月10月1日からの新組織、人事異動の新スタートなのです。

これからのとんQは「成長の3要素」の中にある、組織、ビジネスモデル、マーケティング、数値の各項目を、社長のスタンダード（会社基準）を可能な限り高レベルに向上させ維持していきます。それが専門店に相応しい高付加価値の営業となり、お客様の支持信頼を得ることができ、売上につながるのです。それをやり切るのは人であり、そのために働く仲間を指導、「育成」できる店長、SVが絶対に必要なのです。会社を変えるためには「育成」できる店長、SV、部長が絶対必要条件ですから、「育成」できない人は絶対に幹部にはなれません。

「育成」ができないと「成長の3要素」の組織が絶対にできません。結果QSCも上がらずどこにでもあるレベルの店に成り下がり、お客様の信頼は得られず、売上、利益は絶対に上がりません。

残念ながら、とんQにはそういう店舗がたくさんあります。

しかし、この新体制は「育成」できる幹部が数人いる組織のスタートなのです。これから、もっと「育成」できる幹部をつくっていくのが社長と新部長の使命と思っております。（2020年9月30日）

14　リーダーの条件とは？　人生観にポリシーを抱こう

とんQでは「育成」をテーマに何年も取り組んでいますが、思うように進んでいません。

「育成」はなぜ難しいのか、と考えることが多くなりました。私は社長としてこれまでいろいろな人を「育成」しようと取り組んできましたが、うまくできたのは数人です。

私の結論は「育成」する人も「育成」される人も、リーダーの要素を持っている人少ないということです。

リーダーになれない人の共通点はこうです。

①夢や目標、人生観、ポリシーを持ってない。

②これまでの人生で、思い出すのも嫌な苦労体験（苦しい、辛い、悲しい）しかり、逆の感動、涙が止まらない程の幸せ体験をしたことがない。思うに、若いときの苦労、苦難と真逆の感動体験がなくイージーな日々を過ごしてきたのではないか。

「可愛い子には、旅をさせろ！」「若い時の苦労は、金で買ってでもしろ！」——これらは昔から言われている諺です。

私の座右の銘に「10代に何をやったか？ 20代に何をやったか？ 30代に？ 40代に？ 50代に？ 60代に？」があります。10代にやったことが20代につながり、20代にやったことが30代に繋がり、40代、50代、60代へと行動したことが、つながっていくという意味です。そして、そのときの思考と行動したことで体験、体感、経験を生み出し、また次の夢、目標へとステップアップし、次の行動、体感、経験へとつながっていくのです。

夢や目標があるから、P（計画）、D（実行）、C（チェック）、C（コントロール）の戦うチャレンジャーになれるから、挑戦し続けられるのです。

一人前の人間になる、リーダーになるには「ローマは1日にして成らず」なのです。これまで生きてきたこと、やってきたことの内容がすべてに影響してしまうのです。いい加減な人生を過ごしてきた人、楽な道ばかりを選んできた人、安易な生き方をしてきた人、苦労も感動もしたことがない人は、夢も目標もなく、計画性もないからP↓D↓C↓Cの戦うチャレンジャーに気持ちがなれないから、挑戦者になれないから、目先の楽しさだけを追い求め、結局一人前になれない、リーダーにはなれないのです。若いときの苦労、ハングリー精神がリーダーを養成するのです。

リーダーには、人生観などのポリシーが必要です。リーダーの人生観、価値観、世界観、歴史観などのポリシーに賛同し、共鳴し、尊敬して、追いかけていくものです。

愛する子どもや家族のため、自分の幸せのために、日々戦うのです。苦しさに歯を食いしばって、自分自身に負けないで、負けそうになったら夢を思い出して、それを継続し確固たる人生観、知識と技術とリーダーシップが伴った人物が、誰もが認めるとんQのリーダーになれることでしょう。

（2021年4月30日）

15 「育成」の正しいやり方、順序とは

先日、複数の新入社員が、店長候補である上司との関係で問題があるということで、その原因を

追求するために担当ＳＶから話を聞きました。

その原因とは「育成」を正しい順番で行わず、いきなりＱＳＣの指示ばかりをやっていたからと判明しました。つまり「育成」する立場の上司が、そのやり方を理解していなかったということです。

業務上でＱＳＣを指摘することは「育成」とは言いません。それは、訓練と言います。「育成」と訓練とでは、根本的に全く内容が違います。

「育成」とは、まず４つの項目に取り組むことが大事です。

①経営理念を語り、理解してもらう。
②自分の理念、ポリシー、夢、目標を伝える（言えるようにならなければいけない）。
③相手の夢、目標を聞く。
④前の①～③項目を、相手が理解するまで、朝礼、個人面談などで伝える。

ここまで来て、やっとＱＳＣの訓練が本格的に始まるのです。この４つの各項目を何もやらずに、または中途半端なまま、いきなり忙しい現場に入れて「ああしろ！　こうしろ！」と言っても、相手はやらされ感１５０％で、やってくれません。

それどころか、当人はびっくりしてしまい、会社を辞めてしまったり、今回のような問題が発生するのです。

訓練を始める前に、ちゃんと事前に、これからやること、経営理念と自分自身の理念ポリシーを共有化させることが、絶対に必要になります。

訓練を教えることは、それほど難しいことではありません。それ以前に、会社理念と教える側の個人理念を整理整頓して、確固たる人生の夢や目標を定めるということが、訓練の何百倍も難しいことなのです。

「育成」する人は「育成」がきちんとできるようになるために、自分自身の諸条件を整備して、その上で情熱を持って「育成」と訓練にあたってほしいと思います。それができないと店も辞める人が相次いでしまい、店舗運営ができなくなりますよ。

「育成」には、労力とエネルギーと手間ひまがとてもかかり、最も難しい仕事です。「育成」する側が90％、「育成」される側10％となります。

しかし、人が中心となる「とんQ基準のサービス」は、ロボットでもマニュアル人間でもない、ハートtoハートの目くばり、気くばり、心くばりでお客様を感動させて喜んでいただくことがポリシーなのです。

それは、マニュアルやトップダウンからは絶対に生まれません！

店は店長で決まります。店長が「育成」する側となったときに、「育成」される側への温かい心、包容力、大らかさ、思いやりなどの人間性が求められるのです。これらはいつも意識していないと身に付くものではありません。

すべて、自分自身の夢や目標のために、自分自身が幸せな人生を全うするためにとても重要なものなのです。

（2021年12月3日）

第5章　「労務改善」でいい会社をつくる

1 「労務改善」は働く仲間の歓喜・感動のために

もうずっと「労務改善！」「労務改善！」と言っていますが、実行されないままです。

30年前、自分が店長の頃、既に週休2日をやっていました。あの当時から見ると、店舗数も年商も利益も増えているのに、不思議と年を重ねるごとに逆に労働環境が悪くなっています。昔は、正月休みとして7日間とか10日間連休を取った店長もいました。

「では、なぜ労務改善ができないのでしょう？」

その答えは、誰もその気にならないから、どうせできないからと諦めているからです。社長が政策（方針）を出したら、それを実現する、実現させること（戦略）を考えるのが、幹部の仕事です。

この戦略をやる人が皆無で、全員がただ単にQSCを行っている。そしてQSCを満足にできない店長、店舗が、売上を落としている。ここが「とんQ」がまだ二流、三流たる所以です。

私はとんQの経営理念にある「働く仲間の歓喜・感動」のために、いろいろ考えてやってきました。大晦日、正月の休み、年2回の全額会社負担の社員旅行、店を休んで2泊3日で北海道や韓国釜山まで行ったこともありました。昔は、正月、5月連休、お盆の連休。有給休暇もありました。予算を達成した店舗には、達成額の3分の1を社員に還付しました。賞与も、頑張って結果を出した人を思い切り優遇し、トップ店長には、金100万円支給しました。1か月休暇、育児休暇、国内研修旅行、海外研修旅行で、毎年何人もの社員、パートさんまでもハワイ、香港、シンガポール、ロサンゼルスなどへ、これも全額会社負担で送り出して、感動体験をしてもらいました。

とんＱとはそういう会社なのです！

創業時、借金、借金でお金がなく、創業時の社員、従業員には休みがなく、毎日長時間労働で本当に苦労をかけました。娘から「パパ！　とんＱなんかやめて、他の会社に入りなよ！　友達のパパは毎週休みで、遊園地やいろんな所に連れて行ってもらっているけど、アスカのパパは、いつもお仕事ばかりでどこにも連れて行ってくれない！」と言われたことが、ずーっと忘れられません。寝顔の子どもに「ごめん」と言いながら頑張ってきました。

社員には、オレも頑張るからと、自分が先頭に立って頑張って引っ張ってきました。妻のシェイニーと、いつか借金を返して資金が楽になったら、働く仲間に楽しく働いてもらえるとんＱにしよう、社員が休めて、給料もたくさん払えるとんＱにしようと、いつも話していました。

先日近藤先生に胸中を話して相談した結果、店舗週休制を実施することにしました。店を週休むと、売上が落ちるし、利益も落ちますが、35年間の感謝を込めて、働く仲間の感動のために、経営理念の実現を最優先にすることで、決心しました。労働時間も順次削減していきます。

労務改善の実行委員長に佐賀部長が就任し具体的に進めていきます。労務改善と一体の業務改善と賃金体系見直しを今年の大目標に掲げ「とんＱ革命」を遂行していきます。

少なくとも茨城県でどこよりも、働く仲間の歓喜感動を一番に追求している「とんＱの姿」を見せたいと思っています。

（２０１７年２月１日）

2　いい会社とは？　まず、繁盛していること

来月からいよいよ「労務改善」の切り札として、店週休制度が始まります。

ただ社長として非常に心配なことがあります。その最たるものは休みだけが先行して、われわれの使命であるお客様への感動溢れるＱＳＣがおろそかにならないかということです。

現在もＱＳＣのレベルが低く、結果売上を落としている店が多数あります。週休制が始まると、試算では18％程度売上を落とすことになり、合計すると昨年対比で30％も落とす店舗が出てくる可能性があり、閉店せざるをえなくなる状況に陥ることです。

そうならないためには、ＱＳＣをアップするための業務改善がとても重要なテーマになるのです。しかしながら、今まで何年もやってきてそう簡単にはアップしそうもないのというのが現実です。

いい会社をつくるためにこれまで35年間頑張ってやってきましたが、現実はまだまだです　創業時から「倒産」の2文字が頭から離れることはありません。そこで、いつも感動レベルのＱＳＣをつくるために取り組んできました。このことについて私は、立場上誰よりも厳しく、誰よりも細かくやってきました。

商売はまず繁盛しなくては何もできません。そのためにはおいしいお膳の5品と、ホスピタリテ

ィあふれるサービス、そして従業員のみなさんが生き生きと楽しく働いているいい雰囲気のお店となることが大事です。それを目指してやってきましたが、まだ発展途上です。

いい会社とは、どういう会社なのでしょうか。みなさん考えたことはありますか

私から見たいい会社とは、次のような会社です。

①まずは繁盛していること。商売は繁盛しないと何にも始まらない。

繁盛することは＝お客様を喜ばせること。料理で、接客で、雰囲気で喜ばせます。

そのために必要な、知識、技術、商売の視点、とんＱの理念、リーダーシップを徹底的に学び身に付けること＝一人前になる＝プロフェッショナルであることです。

②繁盛して財務内容がよくなり、自己資本比率などの会社の安全安定性が向上していること。

③働く仲間が楽しく、働きがいを持って自身の成長向上心が自覚できる。

④将来の夢、目標、生活設計が叶う基盤がある。

⑤実力本位の給料、評価のもと公平な昇進、昇給、賞与制度があること。

⑥労務改善が進行していること（週休２日制、実働９〜10時間）。

みなさんから見たいい会社とは、どのような会社でしょうか。

休みが多くて、短時間労働で、給料賞与も多くもらえる会社でしょうか。是非ともこの機会に考えてみてください。

私はみなさんと話し合いながら、みなさんの考えを参考にしながら、もっといい会社にするため

に努力をしていく所存です。そしていい会社になったと心から思ったら、引退したいと考えていきます。

（２０１７年３月３日）

3 「三方良し」は商売の基本

定休日制が始まり、いよいよ「新しいとんＱ」がスタートしました。

これまで、なかなか休むことができなかった社員は、定休日を自分の休暇に使ったり、これまでできなかった食事会やミーティングをしたり、自店の定休日に他店へ指導しに行ったりと労務改善と業務改善ができるようになりましました。

「三方良し」という言葉があります。当社の三位一体と同じ意味で、次のような意味です。

①働く人もよい。
②お客様もよい。
③会社もよい。

これは三越百貨店の前身の越後屋の社是です。

私はこの「三方良し」が商売の基本であると思っています。その1つでも「良し」でなくなれば商売は成立せず、働くスタッフは幸せになれず、もちろん繁盛などしません。よって会社も発展しないのです。

働くスタッフがやりがいと夢を持って、幸せになれるように。そのためにもお客様を喜ばせて、感動させて幸せにして、そしてとんＱという会社がますます繁栄するようにしたいと思っています。そのためにはどうするべきかということを、いつも考えています。

思えば創業以来、たくさんの人たちが入社してきました。しかしながら、たくさんの人たちがとんＱから去って行きました。去って行った理由は、「幸せではないから」「幸せになれないと思ったから」ではないでしょうか。その理由は、長時間労働、休みが取れない、家族と過ごす時間がない、将来設計が描けない、社長が厳しすぎる、などの理由があるでしょう。

創業以来いろいろなこと、感動すること、嬉しいこと、悲しいことがたくさんありましたが、社員が辞めていくのが、私にとって一番辛い、悲しいことでした。

では「三方良し」にするにはどうすればいいのでしょうか。

定休日スタートはその一環として行ったことです。しかしながら、そのための方法はまだたくさんあると思っています。是非みなさんのご意見、ご提案を聞かせてください。

４月１日から新年度がスタートします。新年度の経営テーマを、「とんＱ再生、リ・スタート！」としました。「三方良し」を追求し「とんＱ革命」を起こし、最新鋭の経営のやり方、環境をつくっていきます。

35年間やってきて、いろいろな問題がありましたが、三方良しを大テーマに、ここでリセットして「新しいとんＱ」を創造していきたいと思っています。そして必ずやみなさんからいい会社と言ってもらえる「とんQ」にします。そのためにも、もっと理念がある、双方向コミュニケーションを意識して、対話のある組織つくりをしていきたいと思っています。

みなさんのご理解ご協力をよろしくお願い致します。


（２０１７年５月31日）

4　わが社の進むべき道

「労務改善と業務改善」のために、人を集めることが最優先と考え、現在ヘッドハンティングの会社2社と契約し、人材募集に全力で取り組んでいます。年内に8～10人採用を目標にほぼ連日面接をしていますが、1人を採用するのに5週間かかります。

最初の面接ではわが社の特徴、他社との違いを熱く語ります。2回目には社長である自分の想いを熱く語ります。３回目に店舗で食事をしながらＢＭ（ビジネスモデル、コンセプト）をわかりやすく説明します。４回目に是非来て欲しい人材であれば条件を提示し質問に答えます。そして、５回目に内定を出します。

こうして8月末までで4人の内定者を出すことができました。しかし、採用コストもビックリする程高くなります。３人採用で、契約時にまず準備金として２５０万円支払い、内定時点で年棒の50%～60%を払います。だから、8人～10人採用すると、４０００万円くらいかかるのです。何としても全店舗で全社員が月8休とれる体制ができるまでは、たとえいくら掛かろうがやり続けるつもりです。なぜなら、労務改善・働き方改革は絶対必要なことで、これをやらない企業は淘汰される時代なのです。

特にわれわれ外食産業は、調理、仕込み、接客、すべてが人の手作業によるもので、元来労働生産性が低いことから、長時間労働を当たり前としてきました。

加えて、お客様が遊んでいる時間が自分たちにとっては一番忙しいときで、土曜、日曜日、祝日など全く休むことができません。

ここに来て少子高齢化はますます進み、生産人口の激減によりすべての産業で人材不足が深刻化してきています。わが社も2年前から、労務改善の一環としてセントラルキッチンを嶋田部長の尽力で稼働し始め、今年3月からは店舗の定休日制導入と手は打って来ました。しかしながら、人材不足の解決には全く追いつくことができずに、社員、パート、アルバイトが減少しているために店ではオペレーションが回せない状態が続いています。

これは会社の危機です。35年間会社経営をしてきて、このような状態は初めて経験することです。しかし、決して諦めません。絶対に労務改善をしてみせます。

とんQは、働く人を一番に考えている会社です。店舗の数ではなく、店舗の内容、つまりお客様の評価である売上、利益率、利益額を追求していきます。

人材は全力で私が集めますから、現場の方、特に店長以上の役職者には、採用した社員の「育成」をお願いしたいと思います。労務改善と業務改善は一体です。労務改善だけ先行して、業務改善が遅れれば、売上、利益はどんどん落ち、会社はつぶれてしまいます。何としても労務改善と業務改善をやり抜いて、全社員が月8休取ることができる、かつ業務改善・育成が進み、その結果、売上も利益率もアップし、また新店舗がオープンできる企業にしたいです。

そして、いずれは30億円企業に挑戦したいと考えています！

（2017年0月1日）

5　労務改善のために　人材を集めよう

2018年4月入社の新卒採用状況がほぼ完了しました。大学生4人、調理専門学校5人、計9人を採用することができました。採用目標は10人でしたが、内定を出しても辞退者が相次ぎ落ち込んでいましたが、担当の菅原さんの頑張りと、採用専門コンサルタント大垣さんのアドバイスによって、なんとか9人を採用することができたのです。これにはホームページをリニューアルし、動画を導入して臨場感を演出したことも効果があったと思います。

特筆すべきは、矢田部店長の提案によって、これまで調理専門学校への募集案内で、社名の「とんきゅう株式会社」から店名の「アルゾーニ・イタリア」と「ＪＵＮ ＢＯＯ」に変えたことによって、10人もの応募があり、結果5人が採用できました。みなやる気がいっぱいでとても楽しみです。

4月から始めた中途採用者も、数人が決まり順次入社しています。私が担当している飲食店経験者の採用は、1人採用するために週に1回面接して5週目に内定を出して、そこから入社日を決めて採用となります。先方の店も人材不足で、引き止めにあったりでなかなか決まりません。

現在とんかつ経験者2人と和食ファミリーレストラン経験者1人と面談中で、1人は来月2日から入社が決まり待機中です。その他、ある媒体で全国的な採用をスタートします。

その他、佐賀部長がやっている採用で未経験者ですが数人採用し、矢田部店長も洋食経験者を3人採用することができました。

そんなわけで、今年度のテーマである「再生」に向けて労務改善のための人集めを一生懸命やっています。当面の目標は全社員が月8休できるまで即戦力となる中途採用を続けていきます。

もう完全に時代が変わりました。長時間労働や休めない会社には、人が来ないし来てもすぐ辞めてしまいます。少子高齢化はますます進み、生産人口（16歳〜65歳）は減り続けていきます。生産人口が減り続けるということは、働く人も減りますが、お客様も減り続けるということです。

飲食店の仕事は、人が料理をつくり、人が接客し、すべて人が関わる仕事ですから、生産性が著しく低い産業です。ロボットもＩＴも調理、接客のオペレーションには使えず、ですからどうしても長時間労働になってしまいます。

でも時代の流れで、月8休、短時間労働に変えていかなくては、外食産業に未来はありません。そのためには、何としてでも働く仲間を集め、労働環境を変えるしかありません。私は社長として必ず労務改善をすることをみなさんに約束します。

ですから、みなさんにはＱＳＣを向上してもらい、結果売上、利益が上がるように、業務改善に努めてほしいのです。

（2017年12月4日）

6　セントラルキッチンを見直す　店内仕込みの意義

「労務改善」のためにセントラルキッチン（CK）を稼働して数年になりますが、今見直しをしています。

昨年実績で、CKの人件費が約5000万円、経費が約1000万円、合計6000万円以上掛かりました。今年度も昨年を上回る経費増で、結果利益を圧迫し、前期賞与も最低額しか支給できませんでした。

長時間労働から脱却するために、店舗定休日、労働時間短縮など労務改善を進めて、これからの生産人口減少、少子高齢化社会に適応し、安定した雇用を確保するために、その一環としてCKに取り組みましたが、予想以上に経費がかかり見直さざるを得ない状況になりました。

さらに、労務改善と表裏一体で同時進行すべき業務改善が全く機能していなく、そのための人材育成もできず、結果売上昨年対比100%越えは15店舗中わずか4店舗にとどまってしまいました。

このような状況から「仕込み」を再び店舗に戻すことにしました。数字を見るために、とりあえず50%店舗で取り組んでもらいます。1つの基準として、月商1000万円以下の店舗は100%店舗内仕込みにします。これまで食材はCKでカットして納品してもらいましたが、みんなそれに甘えて、その結果がこのような予想外のコスト増をもたらしてしまいました。営業しながら、店舗でも仕込み作業ができるはずです。

しかし、以前のように深夜まで仕込み作業を行うということとは違います。店舗でも仕込み作業ができる状況を保ち、そのための要員を確保し、ＣＫとのバランスを取っていくやり方を模索します。１００％ＣＫ仕込みでは、人件費と配送費などの経費により採算が取れません。「とんＱ」の平均客単価１６８０円では、１００％ＣＫ対応では難しいということが証明されました。

幸いにもいま国会で審議中の入国管理法の見直しにより、外食産業でも来年4月より外国人労働者のビザ取得が容易になり採用しやすくなります。外国籍の人に来年からはビザがおりますので、これまでよりもずっと採用しやすい環境になりそうです。

何としても要員を確保して、コストを極力掛けずに引き続き労務改善の方向を探求していきたいと思っています。

これからの会社の方向性も何も変わりません。労務改善と業務改善を追求して、経営理念の会社を目指すことには変わりはありません。しかしながら、商売ですから、コスト、利益を度外視はできないし臨機応変に対処していく必要性があります。

そのためには、売上を上げていくことがわれわれが幸せになる道なのだと、いま一度頭に叩き込んでください。人材育成や業務改善を徹底してやって欲しいと思います。

どうぞみなさんのご理解とご協力をよろしくお願いいたします。

（2018年11月30日）

7　新体制がスタートして、後期6か月間でやること

10月1日より新体制をスタートしました。以来連日、矢田部部長、中根SVと協議を続け後期6か月間でやるべきこと、課題について考えました。今年度の経営テーマ、営業テーマの視点から、主として「労務改善」「業務業績改善」のために以下の4項目を挙げました。

①越店長を次期SVにするための「育成」と、そのための実績を出させる

本店はわが社の要であり、是が非でも「労務改善」「業務業績改善」をやり切り、全店をリードするモデル店舗にする必要があります。そのために越店長を抜擢して、家族と離れて単身赴任という厳しい勤務をしていただいているのですから、何が何でも実績を出せるように部長、SVがサポートし、「育成」ができる店長にして、結果「業務業績改善」と数値の実績が出せる店長にして、その後とんQのSVに昇格させたいです。

SVになるためは「育成」ができることが絶対必要条件です。そのためには、本店のオペレーションを理解し、自分でもできるマネージメント力と、かつ大多数の社員、パートさん、アルバイトさんたちをまとめられるリーダーシップ力、人間力、それに経営理念を理解することが必要です。さらに、夢や目標などの「想いの力」が絶対に不可欠です。越新店長に大いに期待しています！

②全店の店長を、経営理念を理解し、夢や目標などの想いがあり、QSCと営業力が社長基準に達し

ている店長に全店交代することを前提として、引き続き中途採用と育成を進める

中途採用で店長ができる可能性のある人材を採用し、育成ができる店長の店舗に配属して短期間で育成指導してもらい店長候補として登用します。

これまで何人も採用してきましたが、店長ができる人材は少なかったです。とにかく、社長の想い、経営理念がわかる人を店長にします。そのために、時間をかけて少しずつ「育成」していきます。

③これまでの新卒採用は全面的に廃止し、新規採用は、モンゴル人をメインに「労務改善」のために毎年10〜20名採用していく

2名のモンゴル人が入社を控えており、他に内定済6人がコロナ禍終息後に来日し、労働ビザ取得後正式に入社します。現地の国立大学出身で、優秀でかつハングリーな彼らに期待しています。

④労務改善コンサルタントと契約し、11月から「労務改善」を始める

最初は、「とんQ」つくば本店、千波店、成田店の3店舗でスタートします。約9か月間ワンクールで、また次の3店舗、また次の3店舗と行っていきます。全店が「労務改善」できるまでには数年間かかります。スタートする3店舗は、越店長、荒店長、谷口店長と、3人共に理念を理解していて、QSCの営業力が社長基準に達していて、マネージメント育成ができることが共通しています。いつも言っているように、労務改善＝業務業績改善＝育成です。

もちろん6か月間ではできないことも多々あるでしょう。しかしながら、上記の4項目を今年度中の2021年3月期を目標に、徹底的にやり切ります。

（2020年11月2日）

【とんQ集合写真（中央が矢田部武久社長）】

第6章　趣味を持って人生を楽しもう

1 「幸せ観」とは？ 夢や目標へのチャレンジ

人は誰もが幸せな人生にしたいと思っています。そのためには「どうなれば幸せなのか」という「幸せ観」を持つことが重要です。これは人それぞれで、価値観、人生観で異なりますが、自分で考えて整理する必要があります。

ちなみに私の「幸せ観」はこちらです。

①健康であること

5年前に慢性硬膜下血腫で2か月間入院し、5回の開頭手術で死線をさまよいました。3年前に椎間板ヘルニア手術で1か月間入院しました。2年前は肩の腱を断絶して、人工の腱を入れる手術で1週間入院しました。

そんなわけで最近は入院、手術を繰り返しています。やはり健康が第一です。そのために、毎朝起床してから40分間のストレッチ体操、ワンダーコア130回、終了後に1時間のウォーキングを続けています。

そして2年前から食事療法を主に体質改善に挑戦し、体重10㎏減、ウエスト8㎝減、体年齢53歳を維持しています。

②仕事

男子一生を賭けるに相応しい、やり甲斐があり、夢中になれる仕事があるか！

35年前に妻と始めた「とんＱ」をより発展させ、「三方良し」の会社にするということは、問題も多いですが、とってもやり甲斐、充実感のある仕事だと思っています。経営理念の会社に１歩でも近づけるために、奮戦中です。

③趣味

人生をより豊かにするために絶対に必要なものが趣味です。私には趣味がたくさんあって、とても恵まれていると思います。

第１の趣味は旅行。団体旅行ではなく、自分で計画を立てて自分が主体の個人旅行です。今年の3月のベトナム旅行では、現地の旅行会社とメールで連絡しあい、車1台をチャーターし、運転手と日本語ガイドを手配して、１週間世界遺産の写真撮影とおいしい食事の旅をして来ました。

第2の趣味は登山。これは幼少の頃から地元の筑波山を登ったのが始まりです。大学時代はワンダーフォーゲル部のリーダーとして活躍し、国内はもちろん海外のヨーロッパ・アルプスの山々も登りました。昨年は石塚、大橋両君と３人で、南アルプスの３０００ｍ級の山に登ったり、先月も九州の４山を登ってきました。日本百名山登頂に挑戦中で現在93山登頂。残るは北海道の７山なので、今年４山、来年３山の計画を立てています。

第3の趣味はカメラ。キヤノン専属のプロカメラマンに従事して、今年で4年になります。旅と登山にはつきものの写真撮影を勉強しながら楽しんでいます。毎年先生が主宰する写真展に作品を出品していますので、興味のある方には招待状を送ります。

第4の趣味はガーデニング。亡き妻が教えてくれたのがきっかけです。最初は仕事のストレス発散のために始めたのですが、土いじりが楽しくてハマってしまいました。妻が好きだった10種類のバラを毎年咲かせています。最近は家庭菜園も始め、野菜などをつくっていますが、ド素人で失敗ばかりで、近所の農家の方々から指導をしてもらいながらやっています。今年は3年越しでチャレンジしているトウモロコシ、枝豆がやっと食べられそうです。

第5の趣味は音楽鑑賞。クラシック、ロックンロールがメインです。若い頃から洋楽が好きで、ビートルズ、サイモン&ガーファンクル、スティヴィー・ワンダー、ビリー・ジョエル、エリック・クラプトン、ジョン・デンバー、ボブ・ディランなどが好きで毎日聞いています。今年5月にはポール・マッカートニーが来日し、東京ドームにライブを見に行きました。日本人では、井上陽水、伊勢正三がいいですね。

④家族

自分にとって一番大事で大切なもの、助けるためなら命さえも差し出してもいいものが家族です。9年4か月前に妻を亡くしました。妻にはとても可哀想な辛い思いをさせてしまいました。今は、妻の分まで楽しく充実した人生を生きることと、妻が育ててくれた3人の子どもたちが幸せな人生を送ることができるように見届けることが、妻から託された私の使命なのです。

子どもたちには、小さい頃から「好きなこと、夢中になれることを発見しろ！」「たった一度の人生、やりたいことをやれ！」と言い続けてきました。ですから、夢や目標のために、幸せになるために、精一杯チャレンジして欲しいと思っています。そのためなら、たとえ世界の何処に住もうが、誰と結婚しようが、何をしようが、自由でいいと思っています。

ただ、年に一度はつくばに帰ってくるように言っています。

⑤お金

愛とか命とか、お金では買えないものがたくさんあります。しかし日本で生きていくなら、生活していくならお金は必要です。快適な住まいの家を買うのも、かっこいい車や、好きな服を買うのも、旅行するのも、全部お金がなくては何も手に入りません。

ですから、私はお金が欲しいと思っています。それも、普通の人が一生かけて稼ぐくらいの額ではなく、その数倍、数百倍のお金が欲しいと思っています。その分、そのために必要な苦難、辛酸、努力は当たり前で、たとえ何が起きても決して諦めないネバー・ギブアップ精神は持てるようにやってきたつもりです。

お金は何に使うかが大切で、そのために精一杯努力、チャレンジすることが重要で、決してお金に使われては駄目です。

ビジネスの世界では、常に「正々堂々と稼ぐ」ことが大切です。人を騙したり、人を踏み台にして自分だけ出世したりするのではなく、誰からも好かれる人間性を磨くことこそが、成功する原点であると思っています。

前記の5項目を満たすことが、幸せを感じる「私の幸せ観」であり、そのためにそれぞれの夢や目標を掲げて日々チャレンジしているわけです。幸せになりたいと願うのであれば、どうなったら幸せを感じるのか、「幸せ観」を具体的に考え、整理する必要があります。漠然と思い願うだけでは、夢は叶いません。みなさんも是非考えてみてください。

（２０１７年７月９日）

2 『青春を山に賭けて』もう一度山をやろう

この標題は、私が尊敬する冒険家植村直己の著書のタイトルです。

彼は、日本人で最初に（正確には2番目）にエベレストの頂に立った人で、世界7大陸の最高峰を極めたり、北極点に犬ぞりで到達した日本人最高の冒険家でした。

世界初厳冬期のアラスカ、マッキンリーに単独で挑み、登頂後の帰路に遭難し帰らぬ人となってしまいました。彼の足元にも及びませんが、私も山に憧れて若き青春を山にかけた1人で、68歳のいまも山に登り続けています。

初めて登山をしたのは小学校3年生のとき、故郷の名峰筑波山です。私は女3人きょうだいに囲まれた男1人で育ち、幼少の頃は泣き虫で、遊びも姉たちと一緒にままごと、着せ替えとか女の子の遊びばかりで、そんなことを心配した父親がボーイスカウトに入隊させました。それからは、砂沼湖畔でのキャンプで、ロープの結び方やテントの設営の仕方、薪で火を炊いて炊事したりと、少年の世界の遊びに没頭しました。これが山、アウトドアライフに夢中になったきっかけです。

高校生の夏休みは、毎年私がリーダーとなって栃木県の奥日光や長野県の白樺湖、美ヶ原にキャンプに行ったりしました。高校3年生のとき、書店で加藤諦三著『俺には俺の生き方がある』を偶然手にし、凄く感動しました。内容は多感な高校時代の恋愛、失恋、受験戦争、大学でのワンダーフォーゲル部での感動体験などが熱く語られていて、自分もこんな生き方がしたいと憧れました。

大学に入って、迷わずに憧れのワンダーフォーゲル部の門を叩いて入部し、そこで初めて本格的な登山や自然探訪の訓練を受けました。毎週のように訓練登山が丹沢山、奥多摩の山で行われ、体力アップと装備、パッキング、読図、概念図、天気図作成の仕方と読み方を教わりました。

1年の夏合宿は北海道で、全12パーティが大雪山、トムラウシ山、暑寒別、知床とそれぞれ12日間悪戦苦闘し、オホーツク海の小向という海岸に集合して、総数140人の大キャンプファイヤーを行ったことの達成感、充実感、感動は今でも鮮明に記憶しています。

私は知床のパーティで岩尾別温泉から羅臼岳、硫黄岳を登り、知床半島の先端まで登山し、羅臼町に下山するコースでした。その年に流行った「知床旅情の歌」を歌いながら、知床の山々をテント泊して先輩仲間たちと歩いた体験は忘れられません。

50年前は、登山する人はまだ少なく、山の中では人に会うことはほとんどありませんでした。

大学時代は、北海道から屋久島まで多いときは1年間で120日も山で過ごしていました。長野県の高峰高原にクラブの山小屋があり、毎年暮れから正月を1か月間過ごしていきました。雄大な自然の感動的な風景、想像を絶する大自然の美しさに心を奪われて山の虜になっていきました。

北アルプスの針ノ木岳から14日間風呂にも入らず、テント、食料など約30㎏のキスリングを背負い、下着も交換せず着っぱなしで山を縦走しました。上高地に下りたときのスカート姿の女性がとても綺麗に見えたものです。

春休み、夏休み、冬休み毎に2週間~1か月単位で全国の山を登り歩きました。そのためのお金を稼ぐためにアルバイトに専念したものです。

卒業してても年に1回くらいは山に登っていて、念願のヨーロッパ・アルプスにも行き、最高峰のモンブランに挑戦しましたが、悪天候で9合目の山小屋までで断念しました。

台湾であんこ製造の仕事を始めたことがきっかけで、忙しくなり山から遠ざかるようになりました。その後、事業の失敗、借金、妻との結婚、「とんQ」創業と人生の大転換期で、山から完全に離れていきました。

5年前に、慢性硬膜化血種で5回開頭手術を受け、生死をさまよい、真剣にこれまでの半生を振り返り自問しました。仕事のこと、亡くなった妻のこと、子どもたちのこと、自分自身のこと。そして、思いました。ここ数年間の仕事は私にとって楽しくなかった。私はストレスが溜まる一方。もし、元気で退院することができたなら、楽しく生きていこう！

シルクロードへ行きたかったが「社長だけ遊んでいたら示しが付かない」と遠慮していました。もうそんなのいい。退院できたら、真っ先に20年来行きたかったシルクロードへ行こう。そして「もう一度山をやろう」と病室で決心しました。

私の日本百名山登頂は38座で止まっていました。そこで今度は１００座登頂を目標に、まず近郊の山々から登り始めました。

初年は8座、2年目に三菱デリカを購入し、その年は14座と毎年登り続けました。ほとんど単独でしたが、大橋店長、石塚ＳＶと一緒に、北アルプス焼岳、立山、剱岳、昨年は1週間かけて南アルプス最深部の聖岳、光岳を歩きました。

5月下旬に九州の山4座を登り、現在93座、明日から残り北海道の山7座中、4～5座を登りに行きます。また途中で、石塚ＳＶと合流し幌尻岳と十勝岳を一緒に登る予定です。

山登りは他人から見れば、所詮お遊びかもしれませんが、本人にとっては一生懸命なのです。引力に逆らって、辛い思いをして、何故どうして山なんかに登るのかって、いろんな人に聞かれますが、「山がそこにあるから」とカッコつけて言った御仁もおります。

これればかりは山男（女）だけにしか永遠にわからないことだと思います。そういうわけで、来年１００山達成するために日々体を鍛えている私であります。

（２０１7年7月28日）

【青春の山】

3　社員旅行　仕事も、遊びも一生懸命！

今年2年振りに社員旅行が挙行されます。社員旅行は創業以来ほぼ毎年実施してきました。磐梯高原へスキーに行ったのが始まりでした。

きっかけは、仕事が終わって、最後に厨房のゴミを外に捨てに行ったとき、雪が降っていたこと。しばしたばこを吸いながら降る雪を見ていたら、無性にスキーをしたくなりました。厨房に戻り、「もう何年も滑ってないなあ！」とみんなに言ったら「行こう」ということになって、翌日休業にして、みんなで出かけました。日帰りでしたがパート、アルバイト総数6～7人だったと思います。

こんな具合に、当初は思い付きで、花見に行ったり、みんなで着飾ってディスコに行ったこともありました。

初めて1泊したのは、創業から3年後つくば科学博覧会が終わった年で、慰労旅行として西伊豆の堂ヶ島温泉に行きました。

総勢8人で私が車を運転して、1人分2万5０００円を奮発して、大きな伊勢海老とアワビを食べました。初めて食べる贅沢で豪華な料理をみんなで囲んで、みんなの笑顔とハッピーな顔を見るのがたまらなく楽しかった。

それ以来、「仕事も遊びも一生懸命！」をモットーに、仕事は厳しく繁盛店を目標に、遊びはガラッとくだけて、ほぼ毎年みんなと楽しんできました。

青年時代から私は、自然、特に山登りに魅了されて日本全国はもとより、ヨーロッパ・アルプスの山々を登ったり、バイクでインドのカルカッタ（コルカタ）から西アジア、中近東を経由して、ドイツのフランクフルトまで単身で砂漠を走破したりと、世界中放浪の旅をしていました。

そこには、それまで見たことのない絶景や満天の星空等々、超感動の連続で涙が止まらない体験をたくさんしてきました。

そして日本でも、ちょっと1時間~2時間位歩くと、「ワオッ！ スゲー」と感動できる場所はたくさんあります。私は、そういう場所にとんQで働く仲間を連れて行って、「地球にはこんなに素晴らしいところがあるんだよ」と自然の美しさ、世界観を紹介しているのです。そしてみんなの喜ぶ姿、感動する姿を見たいがために、社員旅行を継続して行っているのです。

10月の社員旅行は、いつもちょっとだけハイキングします。秋の山は紅葉が真っ盛りで、天気がよければ本当に美しい日本の自然を満喫することができます。2年前の八方尾根も感動的でしたし、高嶺高原の黒斑山、奥鬼怒の鬼怒沼も素晴らしかったです。

社員旅行のハイキングがきっかけで、本格的な登山が趣味になった社員（石塚、大橋店長）もいて、毎年一緒に登山しています。

昨年は1週間南アルプスを縦走しましたし、今年は石塚店長と2人で北海道の山中奥地の山を2山登ってきました。

ハイキングの後のバーベキューもとんQならではです。A5ランクの和牛を「赤牛」のスタッフが仕込んで持って行きます。これを食べ放題にして、もう食べることができない程ご馳走します。お酒を飲みかわしながら、全社員でのBBQは本当に楽しいですね。

2月にはスキーと温泉に行きます。私はスキーが大好きで、みんなと一緒に雪にまみれて、何もかも忘れて滑りまくります。2店舗の頃は、毎年蔵王に行っていました。当時は高速道路がなく、一般道路でつくばから片道12時間くらいかかりました。1泊旅行で、パートの方たちには、蔵王の樹氷と強酸性の熱い温泉が大人気でした。

蔵王にはしばらく毎年行っていたのですが、幹部社員から「1泊では疲れに行くのと同じだ」とクレームが入り、結果2泊3日に延ばしたこともありました。当時2月は毎年赤字でしたが、2泊3日のスキー旅行は継続していました。

2泊3日、飛行機で北海道函館に行ったこともあります。同じく韓国釜山へも行きました。両方共、史上最高売上、最高利益を出したことのご褒美で社員全員を全額会社負担で一緒に楽しんできました。釜山では世界遺産の慶州までバスで観光したり、釜山のチャガルチ市場で、みんなと魚を食べながらの宴会は超楽しかったですね。

そんなことでとんQでは「仕事も、遊びも一生懸命！」をモットーに、社長自ら実践し、一生懸命遊ぶ「遊び方」を社員のみなさんに伝授しています。それが「とんQの社員旅行」なのです。

今年は山形県吾妻山に行きます。請うご期待！

（2017年10月2日）

【社員旅行】

4　チベット旅行記～その①私の尽きない異文化への興味

昨年12月27日～1月2日まで、チベットのラサへ行ってきました。

22歳のとき『ラサへの道』を読んだことから、いつかは行ってみたいと思っていました。当時は鎖国で外国人は一切入国できず正に秘境の国でした。

「なぜラサなのか？」、それは私の異文化に対する興味に他なりません。

チベット仏教は、人々の生活や人生の基盤となっています。殺生を禁じ、輪廻転生（生まれ変わる）が信じられています。僧侶を頂点とする身分制度があり、埋葬も鳥葬、魚葬、土葬と階級ごとに異なります。チベットの現地では入浴する習慣がなく(乾燥しているから)、かつては一妻多夫(今でも地方ではあるらしい）の家族制度。われわれには考えられない文化を持っています。

40年前に妻のシェイニーと北インドのラダックに行って初めてチベット文化に触れました。またインドヒンズー教の聖地ベナレスや中近東イスラムを旅したときも独特の文化に触れました。

3年前にラサからネパールへ抜ける旅行計画を立てましたが、標高5000mの高地旅行のため健康診断が必要で、旅行代理店の指定する病院で検査を受けたところ、高血圧、不整脈、肺機能異常ということでドクターの許可が下りず断念した経緯がありました。

それ以降、チベットへ行くために約1年間、内科、循環器科、呼吸器科をはしご通院し、回復に努めましたが、肺機能が引っかかり断念するしかありませんでした。

ならば個人で行こうとしたところ、「日本の旅行代理店で渡航手続きしないとビザが下りない」と言われました。そこで、ラサへの道は諦めなくてはならない状況でした。

しかし思いは強く、諦められません。なんとかして行ける方法はないものかとネットで探していたところ「健康状態は自己申告でいい」という旅行会社がありました。電話で確認すると私でも行けるようでしたので、早速申し込み、旅行代金を払い込み、やっと念願のラサへの道が開いたのです。

明治30年（１８９７年）に日本人で初めてチベットに入国した僧侶の河口慧海の本を読みながら準備しました。12月〜旧正月の2月中旬まで、チベットでは農閑期で仕事がなく比較的ヒマなので、チベット仏教の本山である聖地ラサへ巡礼に出向きます。

ラサは、チベット人にとって一生に一度は訪れたい聖地で、広大なチベット自治州から汽車、バスで何百km何千kmから何万人もの人々が訪れます。中には何百kmも数か月もかけて、五体投地をしながら来る人もたくさんいます。

この時期は朝晩が寒く（マイナス10℃）乾燥していて（湿度３％）、観光客はほとんどいません。それにラサは標高３６００〜３８００ｍもあり、酸素が希薄で高山病にかかりやすい危険もあります。

私はまず成田空港から上海、乗り換えて西寧にて宿泊。翌日青海鉄道で24時間かかって、３日目にラサに入りました。何時間走ってもヤクが放牧してある半砂漠の荒野の同じ景色が続き、途中

5000mの峠越えがあり、真っ白なヒマラヤ連山を見ながらやっとラサに到着しました。

駅で待ち合わせするはずのガイドがいません。電話すると「時計が遅れていて、すぐ行くから待っていろ」と言います。先が思いやられますが、ここはチベット。郷に入れば郷に従えで、頭のチャンネルをチベットへ切り替えます。やっとホテルに入り、旅装を解きすぐに街に飛び出し、まずは食事をします。

モモ（マズイ餃子みたい）、野菜の炒め物（ヤクのバターを使いすぎでベタベタ）、ヤクの肉（硬い、マズイ）、チベットビール（うすいが旨かった）、バター茶（お茶＋ヤクのバター＋砂糖＋ヤクのミルク。最初は甘くておいしかったが、ヤクのバターがしつこくて徐々に飽きます）。初めてチベット料理を食べましたが、どれも私に合いません。

街にあふれるオートバイはすべて中国製電気オートバイ。さすが経済大国中国だと感心しました。夜はガイドと一緒にレストランに行きましたが、食べるものがありません。ビールを飲もうとしたところ、高山病予防で今日1日はダメということで、ヤクのバター茶でラサ入りを乾杯しました。

チベット人は皆顔が黒く、ピカピカと光っています。昔は生まれてから死ぬまで入浴も洗髪もしなかったようですが、ガイドに聞くと今は週1くらいとのこと。食べ物がすべてヤクのバター、ミルク、ヤクの肉を使っているので、独特の体臭がします。

ホテルの部屋に帰って2日ぶりにシャワーで汗を流しました。寒いのでエアコンをかけても冷風が出るだけ。フロントに行ってこのことを話したら、大きな電気ストーブを持ってきてくれました。

【チベット旅行記】

それでも朝晩は寒く、パジャマにダウンのインナーを着て寝ました。

加湿器は部屋にありましたが、水タンクが小さくてすぐに水がなくなってしまうので、夜に何度も起きて補充します。部屋は清潔でシャワーは熱いお湯が出るし、トイレも洋式で清潔。朝食もウエスタンスタイルでパン、コーヒーもありました。ただしバターは相変わらずヤクのバターとヤクのミルクでした。

（２０１８年1月30日）

5　チベット旅行記～その②宗教とは何なんだ？

ラサに入って2日目、３０００年以上の歴史ある世界遺産のポタラ宮を観光しました。ポタラ宮は、チベット仏教の総本山で、かつては歴代のダライ・ラマ法王が住む宮殿でした。

２０００年かけて建立したチベットの主都の王宮にふさわしく、ラサ中心部の小高い丘に堂々と建っています。

現ダライ・ラマ14世は、地方の農家に生まれましたが、4歳で前法王の生まれ変わり（輪廻転生）と認定され即位されましたが、中国政府の迫害を受け、１９５９年に数千人の教徒と共に雪のヒマラヤを越えインド北部のダラムサラに政治亡命し、そこにチベットの臨時政府を開設しました。ですから、現在のポタラ宮はほとんど観光客と巡礼者が訪れるだけで、政治も行政もダライ・ラマが住んでいるダラムサラを中心に執務されています。

今から38年前、妻のシェイニーと結婚して新婚旅行にダラムサラにダライ・ラマに会いに行ったことがあります。残念ながら不在で会えませんでしたが、在宅なら誰とでも会って世界中の人たちの悩みを聞いてくれるそうです。

ポタラ宮は、内部は階段が続き、酸素が薄いためにすぐに息切れして登るのが大変でした。たくさんの部屋にたくさんの仏像が安置されていて、たくさんの巡礼者たちが五体投地をして、賽銭の紙幣とキャンドル用のヤクのバター油をお供えし礼拝します。それを一仏像ごとに行いますから、時間がかかります。

巡礼者たちは押すな押すなの行列を並んで、熱気とヤクの油の匂いと巡礼者たちの臭いが入り混じった独特の雰囲気がありました。中には生まれたばかりの赤子の将来をお参りしていると思われる母親、老い先短いであろう老人が息子に背負われて最後の巡礼をする姿を見て、無宗教の私には、「宗教とは何なんだ?」と思わずにはいられませんでした。

残念なことに宮殿内部、仏像などはすべて撮影禁止で、巡礼者たちの真剣なその姿を撮影することはできませんでした。

ポタラ宮の頂上付近からはラサ市街が一望できます。四方を山で囲まれた盆地で、乾燥しているので木がなく埃っぽかったです。1時間くらい観光して外に出ると、五体投地をしている人に会いました。五体投地とは神様に参拝する最も丁寧なやり方で、地面にひれ伏して祈り、自分の身長分だけ進み繰り返すやり方で、ポタラ宮を右まわりに参拝します。

次に、日本人で初めてラサに行った河口慧海が修行したセラ寺に行きました。河口慧海は明治30年（１８９７年）に日本を出発し、インドのカルカッタからダージリン、ネパールのヒマラヤを単独で越え、３年目にチベットのラサへ入った僧侶で、このセラ寺で修行して認められ地位の高い高僧になり、このセラ寺で亡くなりました。セラ寺に、ミイラになって祀られていました。チベットでは最も地位の高い人は、高僧で死ぬとミイラになって仏様となり永遠に祀られます。私は、尊厳の気持ちを込めて礼拝しました。

庭に出ると、セラ寺名物の「押し問答」が１００人くらいの若い僧によって行われていました。１人の僧が問題を出し、もう１人が答えるやり方で、仏教の経典の内容をジェスチャーたっぷりに門答していて、「２０００年前と同じやり方だ」と、ガイドが説明してくれました。昼は大昭寺そばのバーガーキングで食べました。ハンバーガー、ポテトチップス、コーラと、チベットで一番おいしかったです。

大昭寺はたくさんの巡礼者で溢れかえっていました。さすがラサで一番有名な寺院で、五体投地をしている人､手にマニ車を回しながら念仏を唱え寺院の周りを右回りに回っている（コラという）巡礼者でごった返していました。これを見にはるばるやって来たので、しばし写真撮影に熱中しました。

ラサに3泊しましたが、さすが標高３８００ｍの高地なので、顔、体がムクんできます。朝起きて鏡に映る自分の顔を見て、ビックリ！　高山病ではないが酸素不足で、ガイドのアドバイスで毎日3ℓ酸素吸入をしました。

最終日は、標高5000mにある聖湖ヤムドウク湖へ行きました。ラサからチベット人の民家と原野が続く道を高度を上げながら登っていきます。民家の壁にはヤクの糞が干してあり、彼らはそれを燃料にします。ヤクと羊を放牧して、畑を耕し野菜を育て、自給自足の生活。そばには川が流れていますが、魚は食べません。

道中には木の生えない大きな岩山が続き、白いペンキで梯子のような模様が無数書いてあります。これが有名な鳥葬の場所。チベットで最も多い葬儀方法で、遺体をこの岩山に運び鳥に食べてもらいます。全部きれいに食べて跡形もなく、遺体を包んだ布だけが残っていました。さすが5000mまで来ると、頭の後ろあたりが圧迫感を感じ、いい気分ではありません。写真を撮って早々に引き上げました。

ラサ空港から西安経由北京で1泊し、翌日上海経由で成田空港に無事帰ってきました。もう高地はいささか疲れたので、早く平地に行きたくて西安に着いたときはホっとしました。やはりハードな旅でしたが、でも40年来の念願のチベットラサに行けて本当に幸せでした。

あんなに自然環境の厳しい不便な中でも、たくましく生活しているチベット人は凄かった。

ラサ中心部は、ハイアットホテルなど高級ホテルが建ち、バーガーキングもありました。街を走るオートバイは全部電気オートバイで、街路に至るまでゴミ1つ落ちていません。経済大国中国の力をまざまざと見せられたチベット旅行でした。

（2018年2月25日）

6　日本百名山登頂達成！　山の素晴らしさ

２０１８年8月1日、日本百名山の中で残る北海道の３山登頂を目指して、仙台港から苫小牧港へと向かいました。そして、８月３日に北海道最高峰の大雪山旭岳、５日に日本最果てにある利尻島の利尻山、そして８日に１００山目の斜里岳を登り、目標であった日本百名山を登頂し終えました。バンザーイ！

思えば、８年前に慢性硬膜下血種という、脳に血の塊ができる病気を患い、２か月間の入院と５度の開頭手術を経て死線をさまよいました。このとき、わが半生を振り返り、初めて生死というものを真剣に考えました。

そして、もしまた元気になってシャバに戻れたら「また山をやろう、百名山を登ろう！」と思いました。それまで百名山は38山登っていました。そこでそれを再開するにあたって、まずは栃木、群馬、長野など近郊の山から登り始めました。ほとんど単独行です。当時体重が90㎏あり、減量をしないと登れなかったので、毎朝ウォーキングを1時間行い、自転車で通勤しました。

百名山とは、登山家で作家でもある深田久弥氏が自身で登った日本全国の山々から、歴史、山の容姿、風格などから１００山を選び「日本百名山」として本を出版したものです。これを全国の山の愛好者が目標として登り始めたのが由来です。わが故郷の筑波山も標高は低いが、関東の名山としてその名を連ねています。簡単な山も幾つかありますが、大半は標高も高く険しく厳しい山ばかりで、それに北海道から九州・屋久島まで全国に散在し、グレートジャーニーの要素も大きいです。

最初はあくまで目標であって、１００山達成できるとは思いませんでした。

山に入り大自然の懐に身を置いて、山々の圧倒的なスケールと異次元的な景色に触れ、ますます山が好きになっていきました。それとバテバテになりながらも登頂したときの達成感、感動は普通の生活では決して体験できないものでした。

行動範囲も広くなり、四国、奈良、富山、青森、秋田、九州、北海道と車で旅し、その地方ならではの美味しいものを食べたり、歴史の博物館を見学したりしました。何より日本各地の温泉が素晴らしかったです。

そこで「どの山が一番よかったか？」とよく尋ねられます。１００山それぞれに趣があり、選んだ深田久弥さんの視点、頭脳には驚嘆されますが、私はやはり北海道の山々が最も印象深いです。

スケールの大きさと、雪渓とお花畑の雄大な景色が好きです。カムイミンタラ（神々の散歩道）知床半島へつづく羅臼岳から三峰、硫黄山への縦走路、北海道最高峰大雪山旭岳から層雲峡への別世界の縦走路、亡くなった逗子の友人と歩いたトムラウシ山～化雲岳～天人峡までのカムイミンタラ。今回99山目の利尻山は稚内港から船で1時間半かかりますが、利尻島にそびえ立つ海抜０ｍから標高差１７００ｍのカッコイイ山です。

百名山踏破をやろうと決めてから達成まで8年かかりましたが、それは素晴らしい8年間でした。

百山登ってやっと山の素晴らしさがわかってきたような感じです。

（２０１８年８月31日）

7　幸せで豊かな人生を送るために

先日久し振りに、旧ＯＧＭの65歳以上の会が熱海温泉でありました。日本各地から二十数名が集まりコロナ禍での商売の近況報告や意見交換を行いました。最年長は79歳で下は65歳、71歳の私はちょうど真ん中くらいです。

彼らとは、ＯＧＭ時代からの25～27年間の付き合いがあります。よりよい会社にするため、よりよい経営者になるために、榊芳生先生のもと、共に一生懸命勉強し、互いに負けまいと切磋琢磨した同志です。

年長組は事業承継をして会長に収まっている人もいれば、まだまだ社長で頑張っている人もいます。みな等しく歳を重ね、みな歳をとったなぁとしみじみ思います。

仲間と話をしていて感じたことがありました。私以外のみなさんほとんど全員、仕事が生きがい。唯一の趣味は仕事で他に趣味がないことです。

私は、自分でも信じられませんが、12月で72歳になります。私は多趣味人間です。

仕事はもちろん大好きですが、趣味とは異なります。私の趣味とは、旅行、登山、車、カメラ、ロードバイク、ガーデニング、畑での野菜づくり、音楽（クラッシック、ロックンロール、フォークソング）等々です。

幸せで豊かな人生を送るためには、趣味は絶対に必要です。それも、ちょっとオーバーに言えば、命を賭けてやる趣味こそ男のロマンです。

北海道知床半島へ続く羅臼岳から三峰、硫黄山の縦走路。

フランスのシャモニーから欧州最高峰モンブランをアタックし、もう一歩手前で登頂断念したが、あの風景とバラ色の夕陽は忘れられません。

インドのカルカッタから危険な中近東経由でドイツのフランクフルトまでバイクで走った感動のシルクロードの旅。亡き妻とジーンズ履いてバックパック担いで1か月半歩いた北インド、フダック、無人島のコサムイ島のハネムーン。

北海道最高峰旭岳から層雲峡へ続く別世界の1本の道。

今は亡き友と歩いたトウラウシ山から化雲岳～天人峡までのカムイミンタラ（神々の散歩道）。

昨年苦戦したヒマラヤのエベレスト街道。

標高４５００ｍから見たエベレストとローツェの美しさ！

大自然のスケールの大きさと美しさ！　その神々しさ！

たとえ仕事でどんなに成功しようとも、どれだけ富と名声を得ようとも、仕事とは全く相いれない感動の世界がそこにはあるのです。

そして、それは仕事の何百倍、何千倍もの価値があるものと思っています。（２０１８年9月1日）

第7章　コロナ禍を超えよ

1 「コロナに勝つ弁当」で、見えたこと

4月22日から27日まで約1週間つくば本店で、つくば市内の医療従事者に「コロナに勝つ弁当」1500食を無料で提供しました。今回この主旨を理解いただき参加してくれた働く仲間に深く感謝します。今回の活動を実施するにあたり、私にはいくつかの目的がありました。

①純粋に、己の危険を顧みずに、感染者を救命している医療従事者への尊敬、感謝の念とエールを込めて。

②今年度の経営テーマである「とんQらしさを取り戻す」の意味を社員に理解してもらうには絶好のいい機会であること。

③「育成」の切り口から、経営理念、社長の想い、経営哲学、会社経営ポリシーを容易に理解しやすい。

④ワーカー店長が多数のとんQを変えるきっかけになるかも。

⑤SNS、メディアなどによる宣伝効果で、営業再開後の売上アップに期待感が持てる。

では、実際にどうだったか、振り返ってみましょう。

①については、みなさんご承知の通り大変な反響で、多くの医療従事者のみなさんの心に届いたと思います。たくさんの感謝の手紙も頂戴しました。いつも言っていますが、誰でも自分、家族が

世界で一番大切なのです。だから自分と家族の幸せのためなら、頑張れるし努力もします。

しかし、それは当たり前で、たとえそれができても普通で、家族だけしか喜んでくれません。見ず知らずの第三者が、あなたの笑顔を見たいために何をするか、できるかということがとっても大切なのです。特に、リーダーとかマネージャーとか、人を動かす立場の人には絶対に必要な要件です。

②については、27日の日報を読みながら、私は涙が止まりませんでした。多くの社員やパートリーダーが今までの日報にはない、心で感じた想いを書いてくださいました。とんＱらしさの一端を経験できたことはとても意味があり、嬉しいことです。

③について「育成」から見てみると、経営理念、社長の想いを理解するのにわかりやすい事例であったと思います。19日間も店を閉めて、売上がゼロにも関わらず１５００食を無償提供するという意味は、社長の人生観そのものであり、お金よりも何が大切か重要かの意味について、少しは理解していただけたのではないでしょうか。

④について、やっぱりワーカー店長が多いと思いました。

何でも自分でやって、お祭り気分で自分だけで楽しんでいる。自分の部下に社長の想い、ポリシーを語り、この体験を経験させて、人が喜んでくれる感動を体感させ、「育成」の切り口で教育を考えている店長が少ないと思いました。

・**総評**

いろいろな問題点が見えてきましたが、たくさんの医療従事者からの感謝の言葉が届き、改めて喜んでもらえてよかったなぁと単純に嬉しかったです。

そして、1つの目標に働く仲間が結集して、行動してやり切ったことへの一体感、団結心を久しぶりに感じることができてよかったと思っています。初めて「コロナに勝つ弁当」に取り組んだ意義があると思っています。

（2020年6月1日）

2　労務改善と業務業績改善でコロナ禍を乗り越える

今年度の営業テーマの最優先事項は「労務改善」と「業務業績改善」です。

いま全世界が、コロナ禍の中にあります。われわれの外食産業も100年に一度と言えるような猛烈な嵐の真只中にいます。コロナ禍の影響でコロナ倒産が激増し、解雇になった人は、政府発表で5月1・8万人、6月3万人、7月4万人と増え続けています。

4月の店長ミーティングでも言いましたが、コロナ禍においてわれわれがやるべきことは「店舗、人などの会社資産の整理整頓」「残った店舗での徹底した労務改善と業務改善＝育成」です。

弊社では「とんQ」水戸インター店と「赤牛」水戸店の2店舗が、20年の契約満了で9月末日をもって閉店します。他に成績がよくない店舗も順次閉めていくつもりです。そして徹底した「労務改善」と「業務改善」つまり「育成」に徹底して取り組んでいきます。

月8休で10時間勤務が当面の目標ですが、そのためには「育成」によって労働生産性をアップさせます。０・５人前を０・８人前、１・０人前、１・５人前へと、仕事の多角化とレベルアップを徹底的に推し進めていきます。そしてとんＱの社長基準である「ＮＨＫ＋身だしなみ」「各職務分担の高度なオペレーション」「先行サービスとそのためのテーブルウォッチ」「１００点のおいしいお膳の５品」を徹底的に追求していきます。

「労務改善」も「業務業積改善」もすべて「育成」からしか達成できません。「育成」ができるＳＶ、そして「育成」ができる店長を育てていきます。「育成」ができないと、これからのとんＱでは絶対に幹部にはなれません。勤続年数がいくら長くてもワーカー止まりです。

「育成」もできないで、業績も上がらないままだと労務改善は絶対にあり得ません。

ＳＶでも幹部社員でもみんなが８休、10時間勤務の会社にするのが、私の社長としての最後の仕事です。

その結果、働く仲間がいい、お客様がいい、いい会社、の三方良しの経営理念の会社になれば、とんＱはどの店も、どこへ出してもますます繁盛して、さぞかしいい会社、働く仲間が幸せを感じる会社になれることでしょう。

ターゲットをその１点に絞り集中し「育成」に特化して業務を進めて行きます。

「育成」のために、まずは自分の想いを、10箇条に整理整頓し、ＰＤＣＣのサイクルに乗せて行動し振り返り、１つひとつを実現していきましょう。とても地道な行動ですが、克己心で自分に負けずに、やり抜けましょう。この苦しさを克服できないと、部下を指導できるリーダーには絶対になれません。逆に、いまリーダーになれない人は、仲良しクラブの中にいて、なんとなく〜のほほ〜んと過ごしてきてしまった人たちです。

いま会社は「育成」できるリーダーを必要としています。私は、社員、パートリーダーさんの1人ひとりを見ながら、リーダーの要素があるか否かをいつも考えています。

何とかして会社を変えていかないと、このコロナ禍を乗り越えることができません。

（2020年0月4日）

3　コロナ禍のピンチをチャンスに変える

コロナ禍の猛威はおさまることを知らず、第2波となってますます吹き荒れています。一時は収束気味に見えましたが、また感染が蔓延して来ています。これからも一進一退の状況が続き、ウィズコロナの言葉通り、コロナとの共存状態が全世界でしばらくの間続くであろうと思います。

わが社でも、売上、利益もなかなか回復せず、4月〜5月につくった赤字6000万円を取り戻すことがなかなかできていません。創業以来の出来事です。

まだコロナ禍は続きます。売上がなくても赤字でも給料や家賃は支払わねばなりません。短期間なら何とかやりくりできますが、長期になるとそうも行きません。そこで閉店、倒産が増えることでしょう。

この１００年に一度の、全世界規模の、前代未聞の大ピンチの中で生き残るためにはどうすればいいのか？　社員と家族の生活を支えるために、どうすればいいのか？

私の結論は次の４つです。

①当面の資金は借入金でまかなう

創業以来38年かけて、コツコツ地道に勉強しながら積み重ねてきた「いい会社にする」ための財務諸表の借入金と自己資本対比である自己資本比率が71・４％（昨年度決算実績）と38年間の利益剰余金数億円を担保にやり繰りします。

これは、38年間当社が積み上げでつくってきたものです。

②何としても「労務改善」「業務業績改善」をやる

今のとんQレベルの営業レベルでは、お客様と働く仲間の信頼、支持が得られません。もう一段、二段と深く掘り下げた専門店にふさわしいQSCレベルの営業レベルまでレベルアップしないと、お客様には認めてもらえないし、売上は絶対に上がりません。

そして、もう何度も言っているように、今の長時間労働を何としても是正しないと、これからの働く仲間の信頼と支持は絶対に得られません。

③だから「育成」しかない

上記２項目を是正するために、考えられる行動できる店長、「育成」指導できるSV、経営理念、経営テーマ、営業テーマから見て提案し行動できる部長、執行役員が不可欠です。

④採用のチャンス到来

これから閉店する会社、倒産する事例が増えてきます。失業者が増え、企業もコロナ不況でなかなか採用できないので、いい人を採用できる大チャンスです。この間、矢田部SVと全力で採用活動に取り組んでいて、すでに数人を採用しました。

採用にも莫大な資金がかかります。採用は「労務改善」と「業務業績改善」を行うために、やり切らねばなりません。

そして「育成」は、店長、SVのあなた方の仕事です。これらをやり切って、働く仲間からお客様から絶大なる信頼と支持が得られる会社に脱皮できたそのときに、とんQは必ずや一段と光り輝く一流企業に変わり、売上も利益も想像を絶するほどに進化した会社に生まれ変われるものと思っています。

このコロナ禍の大ピンチをチャンスに変えていかなければなりません。（2020年9月1日）

4　コロナ禍での1年を振り返って

コロナ以前より不調が続いていた店舗は、この間に一気に売上を落とし赤字になっています。逆に以前より繁盛している店舗があります。

やはりコロナ禍がどうこうではなく、普段から繁盛店づくりに向かってどのようにやっていたか、という視点が大事であると実感しました。

世間では、コロナ禍倒産やコロナ禍不況による解雇、失業者が増えています。いわゆる資金ショートによる倒産は、自己資本比率が低いことが最大の要因です。つまり自己資金と借入金の比率を、借入金を減らして、いかにして自己資金を上げていくか、ということです。このためには、何十年も掛けてコツコツと努力する必要があります。

とんＱも創業時は、自己資本比率は１桁の数％でしたが、直近の決算では70％を超えていて資金による倒産は皆無と言われる水準です。コロナ禍にあっても全社員とパートさんたちにも、全額給料を支給できた一番の要因です。

では、いかにしてこのような優良企業になることができたのか。もちろん働くみなさんが一生懸命頑張ってくれたことは言うまでもありません。

売上を上げることは、チームみんなでお客様を喜ばせ、感動していただくことで達成できます。ですが、その売上から原価、人件費、必要経費を差し引いて利益を１円でも多く捻出するのは、店長、リーダーの仕事です。

そこで１万円でも多く給料を払いたい、１日でも多く休ませたい、１時間でも遅く出勤させて１時間でも早く家に帰ってもらいたいという店長、リーダーの想いが、売上を上げ、利益を捻出できるのです。

そして会社経営の視点では、自己資本比率をアップすることで、財務が安定し健全経営になります。自己資本比率をアップするためには、資本金を増資するか、より利益を出してより納税して利益剰余金をアップするしか他に方法はありません。

ちょっと専門的になりますが、財務諸表に貸借対照表と損益計算書があります。損益計算書は、1年間の損益状況を表したもので、1年間にいくら儲かったか損したかの表です。対して貸借対照表は、創業からの資産、負債の変遷推移を表しています。つまり、創業から現金、土地建物などの資産と借入金などの負債の増減を表したものです。

何が言いたいかというと、経営は貸借対照表だということです。1年か2年の短期間でいくら売上が上がり、利益をとれても、意味がないということ。

長期間で負債を少なくして、どれだけ資産を増やせるか。そのためのより安定したビジネスモデルを構築するということが経営なのです。

少し自慢しますが、私はずっとそれを勉強しながら実行してきました。名古屋在住の、今は亡き高木先生の知己を得て、難しい財務諸表を一生懸命勉強しました。

そして38年間でとんQの財務内容を、優良企業レベルに構築したのです。正に経営とは、貸借対照表であり、優良企業か否かは、その内容そのものなのです。きちんとした経営をしていれば、たとえコロナ禍のような前代未聞の大事があっても、そうは簡単には倒産はしません。

（2020年12月29日）

第8章　私の独白

1　夏祭り　子どもの頃のとても楽しかった思い出

いよいよ夏本番！

昨今の日本列島は毎年暑くなって、昨日は熊谷市でなんと新記録となる41・1℃となりました。今から60年前、私が幼少の頃は、真夏でも30℃～32℃くらいで、もちろん家にはクーラーも冷蔵庫もなく、せいぜい扇風機と町の商店からもらったウチワくらいでした。井戸で冷やしたスイカを食べ、農業用水を貯めた沼や川で毎日泳いでいました。

朝から日が落ちる夕方まで、雨の日でも毎日泳いで、モリで魚を刺したり、ギヤマンと言って魚を取るガラス製の器を川底に沈めて小魚を捕ったり、楽しい夏を友と夢中で過ごしました。

そのハイライトが夏祭りでした。町内ごとに神輿と山車があり、小学校1年生から中学3年生までの間、全員が毎年参加します。これがとても楽しかった！　低学年は親と山車を引き、小学4年生か5年生頃から神輿を担ぎます。山車には大太鼓と小太鼓があり、高学年の子どもたちが代わる代わる叩いて町内を練り歩きます。

中学3年生になると最上級生の年番といってさまざまな役回りがあり、これがまた楽しかった。夜は神輿の上に竹で何段にもやぐらを組み、そこに提灯を並べ、ろうそくに点火された提灯の神輿はとっても綺麗でカッコよかった。年番の最上級生は背中に町名の入ったハッピを着て、縦長のカッコイイ提灯を持ち、神輿を誘導します。３日間毎日夕方から夜まで行われ、独特の匂いのするバーナーの明かりを点けた夜店がたくさん出て祭り気分を盛り上げます。煮イカ、焼きそば、綿菓子、爆弾あられ、金魚すくい。好きだった女の子の可愛い浴衣姿を、今でも鮮明に思い出します。

見物人は皆浴衣を着て、手にはウチワを持ち見学します。上町の「のんきや」の氷あずき、氷ミルクは年に1回食べられるご馳走でした。母に手を引かれ姉たちと食べたあの味は忘れられません。

３日目の最終日は祭りのクライマックスで、神輿渡御といって各町内の全神輿が市内一番の繁華街を練り歩き小学校校庭に集まり互いの神輿を自慢し合います。全部で30くらいの神輿のおでましは、とても迫力があり見事なものでした。上町商店街は金持ちが多い地区で、そこの神輿は金ぴかの東京浅草製で、われわれの木製の神輿に比べて豪華で羨ましかった。

帰りはまた神輿を担いで上町繁華街を練り歩き各町内に帰るのですが、見物客の多い上町繁華街で他の町内の神輿同士をぶつけ合ってケンカするのです。とてもエキサイティングした。最上級生たちは、担いでいる神輿の上に立って大声を出して意気込むのです。とてもエキサイティングなケンカ神輿は夏祭りのクライマックスでした。

昔は楽しみが少なかったせいでしょうか、夏祭りの子ども神輿と大人神輿、盆踊り、花火大会などなど大盛況で人があふれ、やる人も、見る人も、みんながとっても楽しかった思い出があります。

秋祭りの「大宝祭り」などは、開催期間中の３日間は学校も会社も休みで、家族でお祭りに行きます。サーカスが来たり、ヘビ女のショーを見たり、毎年お祭りが楽しみでした。今とは全く違う幼い頃の風物詩の夏祭りでした。

（２０１８年７月27日）

2　若者よ、チャレンジャーになろう！

「チャレンジ」とは、全身全霊フル動員して考え、達成するために意識を変え、思考を変え、行動を変えて「当たって砕けろ」の心意気で努力を重ねることです。

チャレンジには、人生の幸せになるためのすべての要素が含まれています。まず、いつも思考が前向き（ポジテブ）で、絶対に否定的（ネガテイブ）ではありません。努力すれば自分はできるという、自信と確信があります。思考―計画―行動―検証（反省）のサイクルが確立している。人は何かにチャレンジしているときが苦しいし大変ですが、一番充実しているし、輝いているものです。

人はそれぞれ年代ごとにチャレンジがあるべきです。20代には20代の、30代には30代の、40代には40代の、50代には50代のチャレンジがあるべきです。20代にどんなチャレンジをしたかが、30代のチャレンジにつながり、40代、50代のチャレンジに続いていくものです。

まず、チャレンジャーになることが重要です。そのためには、チャレンジャーになるための夢や目標、やりたいこと、どうしたい、どうなりたい、などの自分自身の「心の声」を明文化することが必要です。目標がないと絶対にチャレンジャーにはなれません。

しかしながら、日本では夢、目標を持っている人は約10％しかいません。90％のほとんどの人たちは夢も目標もなく、ただ目先の楽しみだけを追い求めて生活しているのです。

　水が高いところから低いところへ流れるように、人は苦しさ、苦労よりも目先の楽しさ、楽な方を追い求めます。

　日本は経済大国で餓死などもなく、また平和憲法で戦争放棄を掲げ徴兵制度もなく、平和ボケのぬるま湯にどっぷりと浸かっている気がします。お金も休みも満足ではないが、目先の楽しみを追うにはまああで、そこそこ幸せなのです。夢も希望も目標もなく、自らを奮い立たせてチャレンジすることもなく、当然努力の結果体感するであろう素晴らしい感動や達成感、幸福感なども一生経験することもなく人生を終えていく。せっかく生まれてきたのに、たった一度の人生なのに、ただ日々を浪費しているようです。

「あなたはそれでいいのか？」「夢も目標もなくチャレンジもしない人生でいいのですか？」「それは若者ではないですよ！」

　夢や目標を達成するために、チャレンジャーとなり、意識を変えれば、思考が変わり、行動が変わり、結果今までとは全く違う景色を見ることができるのです。夢や目標とは、苦労、苦痛、辛さ、が伴うものであり、そのスケールの大きさは行動に比例します。

　もっとも、そんなに簡単にできるものではないのです。苦労、苦痛、辛さがあるから、達成したときの感動は倍加、百倍加、千倍加するのです。その感動や苦痛を何回も経験、体感して、人として、リーダーとしてのメンタルが形成されていくのです。


（２０２０年６月１日）

3　危機管理能力を考える　平和ボケから脱してほしい

アメリカ大統領にトランプの後就任したジョー・バイデン氏は、就任前はスリーピージョー（居眠りジョー）と、行動が遅いことを小馬鹿にされていましたが、大統領に就任するやいなや次々と政策を実行しています。

コロナでも世界で1番の感染者数と死者数を出したアメリカを、就任100日間でワクナン接種率を世界のトップクラスに引き上げました。接種した人はマスク免除となったり、飲食店も1年ぶりに再開店したり、全米ではもうアフターコロナで賑わっています。

ニューヨークでは、ワクチン接種は病院はもちろんのこと、スーパーマーケット、薬局、街中の接種場など、あらゆる場所で予約なしの無料で受けられます。接種する人も、医者に限らずなんと素人のボランテイアまでも一定の研修を受けさえすればできるという、なんとも柔軟性のある対策に驚きます。

そして極め付けが、コロナからの復興予算がなんと1・9兆ドル（約200兆円）の巨額を使うと発表して、全世界を驚かせました。

イギリスのジョンソン首相も当初はコロナウイルスを風邪と同じと小馬鹿にしていましたが、自身で感染し一時は危篤に陥ったものの奇跡的に復帰しました。それからの政策転換のスピードは速く、自国オックスフォード大学で開発中のワクチンを最優先の政策にして、多額の予算をつけて開発に成功。自国民のワクチン接種率は現在で40％を超えています。

私のニューヨーク在住の長女も、ロンドン在住の次女もすでに2回のワクチンを接種済みですが、72歳の私はまだで、いつになるのやら。

危機管理能力の差、欠如としか考えられません。

欧米の指導者と日本のそれとは、何故これ程まで能力の差があるのでしょうか。欧米の指導者は、陸続きによる隣国同士のいざこざが歴史的にあり、緊迫感が全く違うのだと思います。アメリカはいまでもアフガニスタンで戦争をしていて、ヨーロッパ諸国もいつも臨戦体制にあります。

一方の日本は、平和が70年以上も続いた上に島国で、のほほーんと平和ボケが続いています。政治家も二世三世が続き、大した経験もないまま親の地盤を引き継いでただ選挙で勝って議員先生になって、政策よりも選挙で勝つための数の論理ばかりが先行。いつの間にか緊迫感のない危機管理意識が欠如した国会議員ばかりになってしまっています。

自殺死まで出た、モリカケ問題でも麻生財務大臣は何も解決しようとしませんでした。桜をみる会の会費問題なども、前総理と夫人の不正は明らかなのにうやむやで国民に明らかにしません。

直近では自民党の広島補選での1億５０００万円問題など、選挙と金の問題さえも解決されない状態で、与党幹部は知らぬ、存ぜぬの一点ばり。挙げ句の果てに副幹事長が、立ち入った質問はするなと記者を一喝する始末。政党交付金は国民の税金だから、質問するのは当たり前なのに！

昔、田中角栄という新潟の尋常小学校卒で総理大臣を務めた政治家がいましたが、彼の頭脳と行動力は凄かったです。コンピュータ付きブルドーザーと言われた人物で、演説も聴衆を惹きつける熱いものがありました。晩年は、ロッキード事件に巻き込まれ金権政治で失職しましたが、私の好きな政治家だった。金権抜きの田中角栄みたいな人が出てくれれば日本も変わるのですがね。

（２０２１年０月１日）

4　経営者の使命　大きな夢、目標を持つことが第一歩

「経営者は大きな夢、目標を持ち、部下のため、家族のために、大きな成果を出すために全治全能をかけて懸命努力して成功を掴む。そして部下にも情けをかけてやり、どれだけの分け前を与えられるか、それでリーダーの価値が決まる。自分ではなくあなたの幸せのため、みんなの幸せのために頑張ることができる人。結果、それが自分の幸せという思想の持ち主が、みんなのリーダーになれるのです。だから、怒るときも一生懸命必に涙を流しながら怒ることができるし、喜びも自分の喜びのように一緒に分かち合うことができる」

この言葉は、私の先生であった亡き父、恩師の榊先生、そして、常陽銀行の村上課長からいただいた商売の教訓です。

これまで、この教訓を胸に刻み、知識と技術と情熱とポリシーで今までやってきました。

私は、とんQを始める前に失敗の連続で大きな借金を抱えていました。その後、生涯の仕事となる飲食業と出会いました。

それまで包丁を握ったこともない飲食業はド素人でしたが、当時妻と結婚したばかりで、何が何でもこの商売で成功して、妻と幸せになりたかったのです。とんQの創業は、私と妻の人生を賭けたチャレンジでした。

私にはお金がなかったことから、細かく計算して無駄を一切出さないように、ケチケチ経営をしてきました。自慢しますが、赤字は一回も出したことはありませんでした。もし赤字を出したら銀行はお金を貸してはくれません。誰も補填してくれません。ですから、毎夜閉店後、電卓とそろばんで人件費額と原価計算をしていました。簿記の知識はありませんでした。ですから、数値に強くなろうと毎日猛勉強しました。

毎日現場で肉を切り、料理をつくり、ワークスケジュールによって人の配置をやりくりして営業していました。こんな日々を続けることで、原価率、人件費額、率、諸経費等々、数値の面白さに目覚めました。そして、数値をすぐに営業に活かし反映させて、データ化して応用していきました。創業の1号店をオープンして、独学で学んだことが、後の「とんQ」の多店舗化に生かされていきました。

経営者は数値にうとくては絶対に成功しません。ともかく数値に強くなることが一番重要です。これができなければ、経営者にはなれません。

銀行からリクエストがあって、そこで合計残高試算表を徹夜し、作成したこともありました。
村上課長の助言で、年1回の決算を毎月決算に切り替えました。後にOGMに入会して、全国の会員の中で「利益率一位」を達成しました。数値に対する基礎知識があったからです。そして、自分についてきてくれるスタッフに、いい給料と賞与、待遇を与えるのがいいリーダーとしての使命なのです。

（2021年1月30日）

5 『ハッピー・リタイアメント』好きなことをやろう！

かつてこの表題と同名の小説がありました。いよいよ自分も引退する時がきたかと思うと、感無量です。

私は生家が商家であったため、幼少の頃から働かされました。中学1生のときに、父が50ccの中古のホンダ・スーパーカブを買ってくれ、毎朝6時に起こされて下妻から総和町や筑波町まで配達に行かされたものですが、オートバイに乗ることができるのが嬉しくて、少しも苦とは思いませんでした。当時国道125号線は砂利道で、荷台に積んだあんこの袋が重くて、何度も転倒して体は傷だらけになりました。

中学2年なると格上げしてくれて、中古の250ccのホンダ・ドリームを買ってもらいました。荷重は増えて、転倒したら自力では起こせなくなり、道行く人に手伝ってもらうようになりました。

無免許で何回もジープのパトカーに捕まり、高校生のときは母親が学校に呼ばれ注意を受けたり、停学を何回も食らったものです。この停学中も無免許で配達させられました。父はそんなことはどうでもいいと思う人で、働くことの尊さをいつも聞かされていました。

高校1年で軽4輪の免許を取り、学校が終わってから土浦市まで毎日配達で往復していました。高校3年までこんな生活が続き、別に苦でもなく当たり前に過ごしていました。大学で東京に行くと、バイトするとお金がもらえるので楽しくてバイトばかりしていました。小さい頃から両親に鍛えられたので、働くことは少しも苦ではありませんでした。

こんなふうに私は幼い頃から働き始め、気がついてみれば今年で74歳。よく働いたものです。いろいろありましたが、もう74歳にもなると思うと、早く引退して好きなことをやらなくちゃと思う日々です。

以前70歳で引退しようと決めていたのですが4年も遅れてしまいました。ここ2~3年、引退したら何をやろうか、どんな生き方をしようか、ということを毎日考えています。若い頃の夢の続きのバイクで世界を旅しようか、ヒマラヤに移住して原住民になろうか、豪華客船で世界1周の旅に出てみようか。エーゲ海をヨットで1周するのもいいですね。

ヨーロッパを旅して気に入ったところがあったら、半年くらい長期滞在してもいいでしょう。食べることが大好きなので、おいしい料理と好きなワインを楽しむのもいいかもしれませんね。何より歴史と写真が好きなので、本を読みながら世界遺産を訪れるのも楽しそうです。撮影した写真を集めて旅の個展やるのもいいでしょう。

これまで一生懸命仕事をしてきて、これからが人生で最も楽しいことができる最良の時間が到来するのだと思っています。引退したら時間はいくらでもあります。お金も自分が好きなことをやれるくらいは貯金しました。

3人の子どもたちもみな独立して、それぞれ好きな道を歩んでいます。両親も鬼籍に入り、妻も14年前に亡くなり、あれやっちゃあダメとか、これやっちゃあダメとか、うるさいことをいう人は誰もいません。

「自由だ！」。体が効かなくなる向こう10年くらいまで、大いに遊びまくり、好きなことをやろう！好奇心を磨いて、それを確かめに日本の隅々まで、そして世界に出ようと思っています。

（2022年5月31日）

6　常陽銀行の歴代の支店長、融資課長の思い出

創業当時の常陽銀行下妻支店融資課長だった村上課長の思い出

創業当時に300万円を貸してくれなかったので、「なぜ貸してくれないのですか？」「銀行は金を貸してくれるのが商売でしょう？」と噛み付いたら、「信用がないから貸せないのだ」と村上課長に諭されました。そして村上課長は私に信用の10か条を教えてくださいました。

第1条　1年間に何冊銀行通帳を使うか？
・　毎月決算をして合計残高試算表を作成しているか？
・　平均残高がいくらあるか、特に月末？
・　数値がわかるか？　決算書を読めるか？
第10条　何のために商売をしているのかポリシーがあるか？
この1つひとつを勉強して、実行していきました。最後の「ポリシーがあるか？」には恐れ入りました。田舎の支店の一課長の言葉とは思えないです。現在も新人の支店長が挨拶にくるたびに、村上課長のことを話すとみな驚かれます。

歴代の常陽銀行支店長の思い出

創業間もない1店舗の頃、駐車場に借りていた隣地１００坪の地主が3億円で買えと言う。とんQが買わなければ他に売ると言う。

地主さんは東京なので、何度も東京の自宅へ出向き交渉し、なんとか2億円で決まり、帰路についた妻と常陽銀行へ行き融資をお願いしました。しかしながら「1店舗年商1億円では、どうやっても2億円の返済は無理だから融資はできない」とのこと。何度も交渉に行って「ダメダメダメ」を繰り返すだけです。

この土地を他へ売られたらここでは商売ができない、それでこう言うしかありませんでした。

「三度の飯を一度に減らしても必ず返しますから貸してください！」

すると融資をしてくれました。35年の長期返済で借りて、5年前に経理担当が銀行から書類を持って帰ってきました。それを見ると35年前に書いた借用証書でした。無事に返済できたので戻ってきたのでした。感激して、1年間神棚にあげ、毎日神様に手を合わせ、お礼を言いました

2号店の水戸千波店出店で、土地、建物建築代で合計3億5000万円を借入し、開店したが当初売上が上がらず赤字続きで大変でした。当時利息が7・3％でもっと安くしてもらうように交渉しに銀行に行くと、壁に「頑張る人を応援します」と書いてあるのを発見しました。「私を応援しなかったら誰か他に頑張る人がいるのか？」と真面目な顔で言い、当時プライムレート（最高優遇貸出金利）である年利6・9％に安くしてもらいました。

その他たくさんの歴代支店長、融資課長に可愛がられて、融資をしていただきました。感謝しかありません。いつも資金がなくお金が忙しかったので、いわゆる資金繰りが上手になりました。それと毎月決算書を自分で作成して支店長に提出していろいろと勉強させていただきました。おかげさまでなんとか39年間やってこられました。ありがとうございました。

（2022年6月30日）

7　後進に託す　幸せな人生を歩んでください

再びコロナが猛威をふるい始め、世間では第7波の到来に見舞われています。それでも、世界の

主要国では、もう全く気にかけずにマスクもしないで、野球、サッカー観戦を楽しんでいて、その様子をテレビで見ると異様な気がします。

そして、ウクライナとロシアのプーチン戦争が多くの犠牲者を出していて、21世紀のいまを疑ってしまいます。戦争の結果全世界を不況が蔓延し、石油、ガスなどのエネルギー価格が上昇し、食材などの消費者物価も同様、欧州、アメリカでは10％～８・９％アップでインフレの状況を呈しています。

日本では少子高齢化がいよいよ経済を圧迫し始め、全く余剰人員がいない状態。弊社でもモンゴル、ベトナムから募集採用を行っている状況です。

コロナ禍の中、あらゆる事業が低迷していますが、特に外食産業はこれから大変な時期を迎えることになると思います。

人がいない、あらゆる食材の値上がり、人件費、経費増で利益を出しづらくなっています。また新しいコロナ株がいつ蔓延して感染者が増えるのかわかりません。世界の主要国の中でも日本経済の見通しはよくはありません。

そんな中で、「労務改善」と「業務改善」をやりながら、いかにして適正な利益を出し、健全な会社経営をしていくのか。そのための採用「育成」定着のサイクルをいかにしてスピーディかつ円滑に行うか。

昨年までは国より営業時間短縮に対する協力金がありましたが、今年はありません。この状況下では、外食ビジネスの拡大はリスク大であり、危険です。

昨年弊社で手掛けたような、不動産賃貸や「ミートファクトリー」のような物販など、複合的な事業展開をするべきではないかと思います。いつの世も、時代が変われば商売の仕方も変わっていきます。大事なことは、時代の変化を読み取り、ニーズ、ウォンツの変化を感じ、成功の流れに対応できる能力を身につけることです。

そして各世代が未来永劫繁栄を続けられることを願っています。

仕事、事業は、人間が生きていく上で重要な意味を持っていると思います。生活の糧を得るための他に、もっと大切な生き甲斐とかやり甲斐、感動、充実感、達成感、幸福感とか、いっぱい詰まったものであると思います。と同時に、失敗や挫折感、失望、後悔、などの負の心の辛い体験をも経験する必要もあります。

人生いろいろありますが、最後はハッピーエンドで終わらせたいものです。苦しいまま、辛いまま、悲しいまま終わる人生は、絶対にダメです。いろいろあっても最後は笑顔で幸せいっぱいの人生を歩んでください。

「どうすればハッピーエンドの人生を送れるのか?」

こんなことを考えて、悩んで、考えて、悩んで、そのために行動するのが人生だと思います。もちろんある程度の妥協や後退も時には必要です。

せっかく生まれてきたのですから、幸せな人生を歩んでください。

（2022年8月31日）

【とんきゅう株式会社　矢田部武久社長】

あとがき

これは、２０１６年から社長を引退するまでの２０２２年9月までの6年間、社員さんはじめ働く仲間のみなさんに書き綴った社長からの手紙です。

当時、ある事件（社員による盗撮）があり、店舗に行きみなさんからいろいろ話を聞いているうちに、経営理念、ポリシーが全く伝わっていないことに気づき愕然としました。

それまでは、本部で階層ごとに社長塾という勉強会をしたり、店長ミーティングや店舗ごとに食事会、勉強会など、わが社の経営理念を浸透するためにいろいろと取り組んできました。

しかし、不祥事を起こしてしまい結局伝わっていない、伝えていない、伝え方がわからないなどがあり、少しでも改善したいという想いで社長から手紙を書いて給料日に給料明細と一緒に届けることにしました。

社長である自分の考え方や、何のために仕事をするのか？　私のポリシーの原点である夢、目標、人生観、価値観、世界観、歴史観、幸福感など、拙い文面ですが精一杯伝えたいと思い、書いたつもりです。はたして何人の働く仲間のみなさんに共感していただけたでしょうか？

今から27年前、ＯＧＭの榊芳生先生と出会って、「どうなりたいのですか？　どうしたいのですか？　どうなったらあなたは幸せなのですか？」と問われ、自分の人生を振り返り、将来の自分を想い、経営理念と10年後の夢、目標を掲げて、全力でやってきました。

「1人でも多くの働く仲間のみなさんから、社長と出会えて良かった！」と言ってもらえるために、「そのためにどうする？　そのために何をする？」を出口にやって来ました。

あっという間に年月が過ぎ、創業して40年も経ち、私も74歳になってしまいました。

続きは次の若い世代に託します。

もっともっといい会社、経営理念の会社を目指して、若いみなさんの力を結集して、挑戦してください。

今まで長い年月、口やかましい社長についてきていただき、頑張ってくれて、ありがとうございました。衷心より御礼申し上げます。

とんきゅう株式会社　会長　矢田部　武久

著者略歴

矢田部　武久（やたべ　たけひさ）

1948年12月生まれ。茨城県下妻市で育つ。日本大学商学部卒業後、家業の製餡業に入るが、家業を継ぐ気になれず、長期間の旅に出るようになる。その究極が1973年、24歳の当時に行った9か月間に及ぶ世界バイク旅行。インド・カルカッタより入り、中東地区を渡り、ドイツ・フランクフルトが終着となった。

帰国後、商社に勤務。その後パートナーと商社を営む。1978年10月会社を設立。とんきゅう株式会社、代表取締役社長に就任。1983年3月茨城県つくば市に1号店となるとんかつ店「とんQつくば本店」をオープン。とんきゅう株式会社は店舗数4業態12店舗。社員56人、パート・アルバイト520人（2019年3月現在）、売上高20億6200円（2019年3月期）。2022年10月、取締役会長に就任。

とんきゅう株式会社

〒305-0045　茨城県つくば市梅園2-17-4　☎029-852-1085

とんきゅう社長からの手紙

2023年6月9日　初版発行

著　者　矢田部　武久　© Takehisa Yatabe

発行人　森　　忠順

発行所　株式会社 セルバ出版
〒113-0034
東京都文京区湯島1丁目12番6号 高関ビル5B
☎03（5812）1178　FAX 03（5812）1188
http://www.seluba.co.jp/

発　売　株式会社 三省堂書店／創英社
〒101-0051
東京都千代田区神田神保町1丁目1番地
☎03（3291）2295　FAX 03（3292）7687

印刷・製本　株式会社丸井工文社

●本書の内容に関する質問はFAXでお願いします。

Printed in JAPAN
ISBN978-4-86367-813-2